中国人民公安大学基本科研业务费项目“电信网络诈骗犯罪打防工作创新研究”（项目编号：2019JKF211）的阶段性成果之一，由中国人民公安大学和深圳安巽科技有限公司共同资助出版

电信网络诈骗常见骗术揭秘与防范

王晓伟　著

中国人民公安大学出版社
·北京·

图书在版编目（CIP）数据

电信网络诈骗常见骗术揭秘与防范 / 王晓伟著 . —北京：中国人民公安大学出版社，2021. 11

ISBN 978-7-5653-4358-2

Ⅰ. ①电… Ⅱ. ①王… Ⅲ. ①电信—诈骗—预防—研究—中国②互联网络—诈骗—预防—研究—中国 Ⅳ. ①D924. 334

中国版本图书馆 CIP 数据核字（2021）第 194884 号

电信网络诈骗常见骗术揭秘与防范

王晓伟 著

出版发行：中国人民公安大学出版社
地　　址：北京市西城区木樨地南里
邮政编码：100038
经　　销：新华书店
印　　刷：涿州市新华印刷有限公司

版　　次：2021 年 11 月第 1 版
印　　次：2023 年 5 月第 3 次
印　　张：9. 25
开　　本：787 毫米×1092 毫米　1/16
字　　数：166 千字

书　　号：ISBN 978-7-5653-4358-2
定　　价：48. 00 元

网　　址：www. cppsup. com. cn　www. porclub. com. cn
电子邮箱：zbs@ cppsup. com　zbs@ cppsu. edu. cn

营销中心电话：010-83903991
读者服务部电话（门市）：010-83903257
警官读者俱乐部电话（网购、邮购）：010-83901775
综合分社电话：010-83901870

本社图书出现印装质量问题，由本社负责退换

版权所有　侵权必究

自　序

揭秘诈骗套路　培养防范意识

诈骗存在已久，各类接触式的骗术也都为人们所熟知。而“电信网络诈骗”作为诈骗的一种特殊类型，是骗子利用现代通信、网络工具对受害人实施的非接触式诈骗。相比传统诈骗，电信网络诈骗的隐蔽性更强，也更具迷惑性。近十几年来，电信网络诈骗在我国保持着持续上涨的势头，已经成为发展最快、发案最多的违法犯罪类型。伴随着电信网络诈骗的多发高发，每年都有数以百万计的群众受骗，并造成数以百亿计的财产损失。这其中，有群众因受骗致贫，也有企业因受骗而破产，甚至还偶有群众因受骗而自杀或猝死。可以说，电信网络诈骗已经成为当前我国社会的一大顽疾，严重危害着人们的财产安全和正常的生产生活秩序。

没有人愿意被骗，但总会有人上当。甚至在以往的案例中，曾出现过连续被骗的受害人，如先被冒充网购平台客服的骗子以所购物品存在问题需要退款为由诈骗了钱财，紧接着又在通过网络寻求帮助时被冒充网络警察的骗子再次诈骗。也曾出现过被同一种骗术诈骗两次的受害人，如先是通过社交软件交友被骗，不久后又在婚恋平台上交友被骗。有人可能会认为这些受害人太“傻”，太没有常识，毫无警惕之心，所以才会被骗。但是，那些警惕性很强的受害人被骗，甚至是在自己非常熟悉的领域被骗，又做何解释呢？

在非接触的方式之下，骗子能够更好地进行伪装；改号软件、虚拟定位等工具和技术，更为骗子的伪装提供了便利。而在人们生产生活方式网络化程度不断加深的背景下，新的网络服务、新的网络内容、新的网络业务不断涌现，也使电信网络诈骗获得了更多的生存土壤，使电信网络诈骗的骗术总是能够不断出新、不断演化。可见，我们并不能简单地把被骗的原因归结为没有常识或者没有警惕之心，骗子的手段太多、骗术变化太快也是重要的原因。

如何才能做到不被骗呢，在笔者看来，一是要有防骗意识，常怀警惕之心；二是要有识骗能力，能够识破常见骗局。通过对大量案例的研究，笔者发现，我们通常只有防骗意识而识骗能力却不强，有时候会因为“过于自信”而判断失误进而受骗；只有识骗能力而防骗意识薄弱，在遇到“认知盲区”时也会轻易被骗。因此，面对电信网络诈骗，我们既需要有防骗意识，也需要有识骗能力。要做到这一点，就要对电信网络诈骗有足够的了解。而这也正是本书写作的目的所在。

作为一本以电信网络诈骗常见骗术为核心的书籍，本书在内容上包括了网络交友诈骗、网络贷款诈骗、推销类诈骗、冒充熟人诈骗、冒充公检法诈骗、冒充其他官方人员诈骗、虚构官方项目诈骗、网络购物诈骗、招聘兼职诈骗、网络投资诈骗、以提供非法服务为名的诈骗、网络游戏中的诈骗、虚假代办类诈骗、利诱类诈骗、涉疫情诈骗等共十六类常见诈骗类型，并以实际发生过的案件为例进行揭秘分析。需要说明的是，本书中所使用的案例均是笔者在近些年从各地公安机关搜集而来，由于时间跨度较长且提供者较多，就不再一一具名。在此，对这些无私提供帮助的战友一并进行感谢。同时，为了读者能够更好地理解这些骗术，笔者在保持骗术原貌的前提下对原始案件进行了适当的改编，也隐去了当事人姓名等信息。希望这些案例能够使读者认识到电信网络诈骗的多样性、复杂性，也希望每一位读过本书的读者都能够从解析与建议中有所收获。

由于笔者自身认识的局限，也由于电信网络诈骗骗术演变迅速，本书所包含的骗术类型必然不能做到全覆盖，对于骗术的解读分析也难免存在不足，希望广大读者批评指正。

王晓伟

2021 年 6 月于北京

目录

第一章　网络交友诈骗

随着我国互联网的迅速发展与普及应用，通过网络交友已经成为我国网络用户互联网生活的重要组成部分。人们进行网络交友的目的各不相同，有想找知音的，有以婚恋为目的的，也有以消遣为目的的，甚至有想艳遇的。网络交友的途径有很多，有通过QQ、微信等即时通信工具的，也有通过微博、论坛、聊天室的，更有通过专门的交友软件和婚恋网站的。而人们对网络交友方式的喜爱，也被骗子所利用，衍生出了各种类型的“以交友为名”的骗局。

一、以案说骗

1. 网恋

小强今年35岁，名牌大学毕业，在北京一家知名互联网公司工作，收入也不错，但是由于种种原因，至今仍是单身。为了解决个人问题，小强从去年下半年开始在多个社交软件上碰运气，希望能尽快遇到自己的命中天女。

一天，小强在某个社交软件上认识了一个叫“小静”的姑娘，小静不仅年轻漂亮，而且还和小强是同乡。更重要的是，小静对小强也颇有好感，这让小强的内心激动不已，深感自己的“桃花运”终于要来了。

可是，没交往多长时间，小静就开始向小强借钱了，不过，每次都不多，几十元到百十元不等，小强为了能跟小静继续交往，每次也都爽快地发了红包过去。

然而，小静的资金问题似乎永远也解决不完，向小强借钱的频率越来越高，理由从“充话费”“买车票”，也逐渐发展到“家人生病”“朋友车祸”等，金额越来越大。在这过程中，小静也多次表示自己是真心想和小强交往的，并一直承诺尽快安排时间让小强去见她的父母。其间，小强多次提出见面、视频通话等要求，但小静总说不方便，希望过段时间再见面。

终于有一天，当小静向小强提出要借几万元跟别人合开工厂时，小强拒绝了小静，并提出马上安排见面，等两人见面认真谈过之后再借钱给她。可是，在这之后，小强再也没有收到小静的回复，微信也被拉黑了。

此时，小强才意识到自己可能遇到了骗子。而在“交往”的三个多月中，小强已经先后给了小静将近10万元。

2. 生日红包

小侯是一家民营企业的职员，刚大学毕业不久。2021年1月的一天，他刷抖音时，有一个女网友主动添加了他。两人在简单交流之后，小侯发现和对方十分聊得来，并且对方主动提出添加微信，于是二人便成为微信好友。

添加完微信后，小侯知道对方名为小蔡，而且也是刚刚毕业的大学生，说起来还算小侯的师妹，于是小侯心里便对小蔡建立了一定的亲切感和信任感。

隔了几天，小蔡突然发微信说今天是她的生日，到现在还没有人给她发红包呢，如果小侯能够给她发两个“520”红包，她会叫她姨妈返还小侯 2000 元，她就想讨个彩头，不会让小侯吃亏的。

小侯认为，同是刚大学毕业的学生，小蔡应该不会骗他，便向小蔡的支付宝分两笔共转账了 1040 元。随后小蔡让小侯添加了她姨妈的微信，姨妈给小侯发了一个转账截图，上面写着已经向小侯的银行卡转账了 2000 元。但是小侯手机并没有收到转账信息，当他问姨妈为何时，姨妈解释第二天就会到账了。同时，小蔡还告诉小侯，他给她发的红包越多，姨妈就会给他的银行卡转回更多的钱。

小侯也不太清楚小蔡和她的姨妈为什么这么做，但他想着用这个办法就能获得上班几周才能获得的钱。于是，按照这个办法，小侯继续给小蔡转账了 1314、3344 元，小蔡的姨妈也向他发来了 2500 元和 6000 元的转账截图，都说是第二天到账。最后直到小侯的银行卡没钱了，才停止转账。当日小蔡和小侯二人互道晚安后，小侯便休息了。

第二天，小侯依然没有看到自己银行卡内有钱入账，便发微信问姨妈和小蔡，发现自己已经被对方拉黑，这才意识到自己被骗。这场短暂的交友让小侯白白损失了 5000 余元。

3. 网游情侣

小王独自一人从老家到苏州打工，因为平时主要在厂里工作，很少有机会认识女孩子，眼看就要奔三了，一直也没有女朋友。一天晚上，小王躺在宿舍的床上玩手机，突然有人发来了添加微信好友的请求。小王一看，对方是女性，头像还是一个美女，于是毫不犹豫地通过了。

对方自称“瑶瑶”，想和小王交朋友。从朋友圈照片看，瑶瑶是一个 20 多岁的年轻女孩，肤白貌美，小王觉得自己简直太幸运了。聊了几天后，瑶瑶对小王说，想要真正成为她的男朋友，小王就得陪她一起打网游。小王在瑶瑶的指挥下下载了一款手机网游，并在瑶瑶的要求下给游戏充值 300 元。

之后，瑶瑶一有空就会要求小王陪她一起打网游。随着时间的推移，小王已经先后往游戏里充值将近 3000 元。其间，小王几次提出和瑶瑶见面、视频通话，瑶瑶均以等游戏等级升级到一定级别再说为由拖延。同时，瑶瑶提出可以先在游戏里面确定关系。就这样，小王在游戏中和瑶瑶确定了“情侣”关系。为了维持这个关系，按照游戏的要求，小王先后在“送花”“结婚”“生子”等环节又往游戏里充了不少钱。

在将近一个月的时间里，小王已经在游戏里充值了 7000 多元，却连瑶瑶的面都没见到，而瑶瑶还在让他继续充值。越发觉得不对劲的小王在瑶瑶再次要求充值时，提出见面后再继续陪她打网游，随即被对方拉黑，此时小王才醒悟自己被骗了。

4. 杀猪盘

去年 8 月，已经 30 岁仍然单身的小郭女士禁不住父母的不断催促，在某婚恋平台注册了账户，抱着试一试的心态，看能否遇到自己的“白马王子”。

注册账户大约 20 天后，一名叫作“烈酒醉人”的男子在婚恋平台上主动添加小郭为好友，并向小郭索要了生活微信，表示想进一步接触发展。

在随后的一个月中，两人在微信中频繁交流，小郭将自己生活、工作的有关情况告诉了“烈酒醉人”。小郭也了解到，“烈酒醉人”真实姓名叫杨某，在自己所在的城市有一家初具规模的公司，有一定的经济基础，并了解到杨某之前创业时被“拜金前女友”抛弃的经历，这让小郭对他产生了一丝怜悯之意。

相互了解后，杨某对小郭展开了猛烈追求，微信上的嘘寒问暖每天不断，每晚的语音通话情意绵绵。唯一遗憾的是，小郭一直未能见到杨某的面，每次的视频通话请求，也都被杨某以各种理由回绝了。不过，看着微信朋友圈中杨某斯文、忠厚的面庞，小郭对杨某的认可度越来越高。

终于，小郭同意和杨某确定恋爱关系，并约定春节前见双方父母。确定关系后，杨某隔三岔五就会通过网络订购鲜花、巧克力等礼物，通过快递的方式寄送到小郭手中，小郭在内心充满喜悦的同时，渐渐对杨某说的话也深信不疑。

这期间，杨某在聊天中开始渐渐向小郭说起投资理财方面的知识，并提到自己有一个在网络技术公司工作的朋友，掌握了一个博彩平台的漏洞，可以计算出竞猜的结果，自己跟着朋友一起在平台参加竞猜，已经赚了一些钱，但是本钱太少，赚得有点慢。

已经开始憧憬两人未来的小郭，在杨某的鼓动下，同意先将自己的 5 万元存款拿出来“投资”试一试，看看盈利情况。随后，小郭按照杨某的要求，扫描二维码下载了某个竞猜平台的 APP，然后在平台注册账户，将 5 万余元转入一个私人银行账户内，随即，小郭注册的平台账户内就出现了相应的分值。

之后，杨某教会了小郭如何买单买双、买大买小，小郭按照要求操作，平台账户内的分值渐渐增多了。满心喜悦的小郭试着提现，果然，自己用来充值的银行账户内收到了 56000 多元。除了 5 万元本金，还赚了 6000 多元。

看到果然能赚钱，小郭渐渐加大了“投资”额度，5万、10万、50万。10天中，小郭先后向平台充值120多万元。但随着投资额度的不断增大，小郭反而开始输钱了，想把剩余的额度提现，平台却总是提示操作超时。

这种情况下，小郭问杨某到底怎么回事，杨某解释说，可能最近平台系统升级了，弥补了漏洞，自己也亏了很多。同时，杨某告诉小郭，这属于网络赌博，为了两个人的美好未来考虑，千万不要报案。亏的钱他会想办法还，如果报案的话对谁都不好。

心存疑虑的小郭在网上查询，发现自己的遭遇跟网上说的“杀猪盘”很相似，再想质问杨某时，发现已经被对方拉黑。

5. 美国大兵

去年9月，西部某市的张女士在手机上通过某知名聊天软件认识了自称正在叙利亚服役的美国军人“艾德文”。艾德文谈吐儒雅，风度翩翩，而且十分喜欢中国文化，会汉语，是个“中国通”。

接触几天后，张女士了解到，艾德文的妻子在五年前因车祸去世，现在只有一个儿子叫厄尔，在上中学。交谈中，艾德文对张女士表示了倾慕之情。看到对方如此坦诚，并且谈吐文雅、温柔体贴，张女士很快接受了艾德文。之后的一个多月中，每天倒着时差与对方聊天已经成为张女士生活的一部分，两人的感情也在网络聊天中不断升温。

去年11月中旬的一天，张女士在与艾德文聊天时，发现对方很不正常。经过反复地追问，艾德文说在叙利亚参战的美国军人都有很丰厚的福利，其中有一种福利叫“金属盒家庭保障”，该“金属盒家庭保障”里面存放的是100万美元。经过这段时间的接触，艾德文认为张女士是他最“知心”的朋友，打算将“金属盒家庭保障”赠送给张女士。

这突如其来的幸福和无比的信任，一时间让张女士头晕眼花，无以言表，随即答应了艾德文的“请求”。当天，张女士就接到了一封来自土耳其伊斯坦布尔塔图尔克机场的电子邮件，邮件内容是“金属盒家庭保障”已准备发出，但需要收件人缴纳6666美元的增值税才能发出。张女士几乎没有考虑，就按照当天的汇率，给对方提供的账户打入了现金4万多元。

三天之后，张女士又接到了艾德文的电子邮件，称该“金属盒家庭保障”已经在运输途中，但张女士还要缴纳非检查清关费用人民币15.4132万元，并向张女士提供了银行账号。

在巨额财富的诱惑下，同时也是为了不辜负艾德文的信任，张女士仍毫不怀疑地向朋友借了 7 万元，并向银行贷款 8 万元，将 15 万余元存进了对方指定的账户，在对方“一百万美元必将亲手交到她手中”的承诺中暗自窃喜。

又过去了一周时间，张女士还没有收到金属盒，却又收到了艾德文发来的邮件。艾德文在邮件中说，外交代理人已经到达北京国际机场，还需要张女士交纳印花税票款 267885 元，并说三个工作日内必须交付，否则金属盒赠送程序就会终止，张女士之前交付的钱款也无法退回。

张女士感到很为难，她已经没有积蓄了，还向银行贷款了 8 万元，实在没办法再凑 20 多万元。艾德文安慰张女士说，这笔钱是他冒着生命危险才得到的，希望张女士相信他，在拿到金属盒后，不但能还清欠款，还能过上富足的生活。

在对方的一再催促下，孤注一掷的张女士向家人及朋友借款 26 万元，并按照艾德文的要求打入了他指定的账户。然而，她等到的不是那个“金属盒”和里面的 100 万美元，而是艾德文发来的，因为“金属盒”被人扣押，需要张女士继续打款 50 万元人民币赎回金属盒的电子邮件。

此时，张女士终于感觉到事有蹊跷，质问艾德文后，被对方拉黑。

6. 卖茶姑娘

去年 3 月，37 岁的吴先生在微信上结识了清纯漂亮的年轻女孩“佳佳”。刚开始聊天，佳佳就对吴先生说，“你是我的第一个网友”，“我现在心情不好，想找人说说话”。吴先生感觉佳佳就是个遇到烦心事的单纯小姑娘，于是出于善意跟她聊了起来。

佳佳告诉吴先生，她今年 24 岁，父母在她 6 岁时离异，自小在外公家长大，一年前，从西安一所大学毕业，在一家儿童早教机构当老师，月收入 4000 元左右。佳佳称自己上大学时交了一个男朋友，一直恋爱至今，但由于男朋友为了事业发展去了上海工作，两人异地相处一年多了，时常吵架，最近心情不好，也是因为和男友吵架。

之后的几天，吴先生和佳佳微信联络得很频繁。吴先生开导佳佳要想开，一切朝前看。佳佳会主动发来她工作时的照片，和小朋友在一起时的佳佳青春靓丽，一切都和吴先生想象得一样。

加为好友的第 5 天，佳佳突然问吴先生，“异地恋是不是真的没有结果？”她说这几天打电话，男朋友都不接，昨天她生病了，发消息男朋友也不回，她和男朋友之间的感情似乎出现了问题。加为好友的第 7 天，佳佳告诉吴先生，她与男友吵架后分手，决定回福建南平的外公家散散心。

从这一天开始，佳佳不时发来外公家茶山的照片、视频，还向吴先生郑重推荐了“外公炒的纯手工有机茶”。吴先生脑海中浮现出美人美景，随即回复佳佳，“要钱我就尝试下，不要钱我就不尝试了”。就这样，吴先生向佳佳的微信转账了1400元，买了她外公家收藏的白茶、毛尖。

又过了一天，佳佳说她向外公说起了吴先生，外公觉得吴先生人好，还懂茶，准备忍痛把家中珍藏的正山小种匀一斤给他，只要2888元。这一次，吴先生婉拒了佳佳，此后便再也联系不上她了。

7. 美女支教老师

安先生在三个多月前，通过微信添加了一位女性好友，看头像只有20多岁的样子，年轻又漂亮。聊天中，安先生了解到对方叫“莉莉”，是一名幼师。在两人慢慢熟络起来以后，安先生又进一步了解到，莉莉老师因为感情受挫，和前男友分手后去了西部偏远山区做支教老师。

起初，安先生对莉莉所说将信将疑。但在之后的接触中，莉莉老师经常会向安先生介绍自己做支教老师的体会，也会说起生活在西部偏远山区的不易，和当地孩子们艰苦的学习条件。并且，莉莉老师的朋友圈时不时都会晒出一些和小朋友在一起的照片、视频。慢慢地，安先生就完全相信了莉莉支教老师的身份。

有一天，莉莉老师在和安先生聊天时，提到她那里的孩子从来都没过过生日，没吃过生日蛋糕。她想给他们过一次，但支教老师的收入很少，她自己的钱不够给他们买蛋糕过生日的。听到这个情况，早就对莉莉老师充满敬佩之情的安先生善心大发，表示愿意和莉莉老师一起给孩子们买蛋糕。随即，安先生通过微信给莉莉老师转了500元。

在这之后，因为“购买教材”“购买文具”“孩子生病”等情况，安先生又先后几次给莉莉老师转了共计3800元。能帮到山区的孩子和美女支教老师，安先生的心里也很满足。

直到有一次，“莉莉”老师因为出差费用不够，又向安先生借钱时，安先生心里产生了怀疑，就没有答应。再想联系莉莉老师时，发现已经被拉黑。

二、骗术解析

网络交友诈骗是最为恶毒的电信网络诈骗手法之一，它通过身份伪装，以欺骗感情的手法，对那些向往爱情、渴望婚姻或者心怀善念的受害人实施诈骗，不仅骗取了受害人的金钱，还极大地伤害了受害人的感情。在实践中，不乏受害人被骗后出现严重厌世，对他人、对感情极度不信任的事例，危害极大。

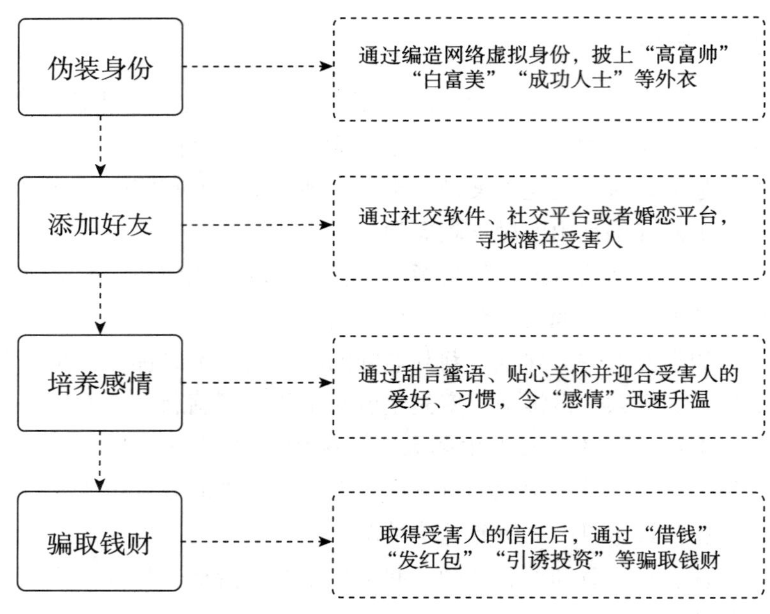

图 1　网络交友诈骗流程图

在网络交友诈骗中，骗子的诈骗套路一般分为以下几个步骤：

第一步：伪装身份

为了实施诈骗，骗子会为自己披上“白富美”“高富帅”等不同的外衣。比如，将微信“昵称”命名为年轻女孩常用的名字，在朋友圈发布从网上搜集到的漂亮女孩的照片，从而将自己伪装成年轻貌美的女性形象。再如，在婚恋网站注册并缴费成为 VIP 用户，再精心编造用户资料，将自己伪装成“事业有成”的男性形象。这些伪装的网络身份是骗子实施诈骗的基础，往往都是精心打造，极具迷惑性。

第二步：添加好友

在伪装好身份后，骗子会利用微信、QQ、陌陌、探探等交友软件，通过搜索账户、“附近的人”、“漂流瓶”等功能添加好友，寻找潜在受害人，或者在婚恋网站上精心挑选诈骗对象，添加好友。在这个步骤中，骗子会同时添加大量好友，再从添加成功的好友中逐一试探，精心挑选出可以诈骗的对象。

第三步：培养感情

挑选出诈骗对象后，骗子就会按照提前准备好的“话术”，与受害人展开热聊。在聊天过程中，一方面，骗子会通过甜言蜜语、嘘寒问暖并迎合受害人的爱好、习惯，令双方的“感情”迅速升温；另一方面，骗子则会套取受害人的经济状况，以便决定下一步如何实施诈骗。培养感情的步骤是骗子诈骗成功的关键，在这一阶段中，受害人往往经不住骗子的“感情攻势”而对其彻底信任。

第四步：骗取钱财

当骗子感觉受害人对其彻底信任，或者产生幻想之后，就会把握时机，开始骗取受害人的财物。在不同的网络婚恋交友诈骗套路、骗取金钱的手法也不相同。在一般的套路中，骗子会通过“直接开口借钱”“索要红包”“送花篮”等手法骗取受害人的钱财。而在升级的套路中，骗子则会编造“我知道有个博彩平台有漏洞”“有一个回报率特别高的投资项目”等谎言，并通过朋友圈展示投资收益情况，引诱受害人按其指示向指定博彩平台进行充值。在受害人禁不住诱惑开始尝试投资后，则又通过“先赢后输”“赢多输少”等手段，引导受害人逐步加大投入，直至受害人无钱可投，或者幡然醒悟。这种升级版的网络婚恋交友诈骗，被骗子戏称为“杀猪盘”。

三、防范建议

每个人都有追求美好感情的权利，也都有选择追求方式的自由。可以预见，在网络用户越来越多、网络应用越来越发达的未来，网络婚恋交友的用户也会不断增多。要有效识别网络婚恋交友诈骗，防止中招，笔者建议从以下几个方面着手：

一是保护个人隐私。

在网络婚恋交友诈骗中，有很多最后造成严重损失的骗术，如“杀猪盘”，均是骗子在获得受害人的详细个人信息、经济状况后，精心编制骗术，逐步引诱受害人的结果。因此，无论在什么情况下，我们都应该保护好自己的个人隐私，以防有人“见财起意”。

二是开展背景调查。

骗子为了引诱受害人上当，会编造很多信息，以便伪装身份。而这些编造的信息，其实都是骗子的破绽，尤其是当骗子伪装成“成功人士”的时候。为了防止受骗，我们可以对网络婚恋对象所说的相关信息，如公司名称、工作单位、个人信息、项目信息等，通过向相应单位、机构电话查询或者互联网搜索的方式进行调查，以辨明真伪。

三是进行视频通话。

进行视频通话，是验证对方身份的一个有效途径。在大部分案件中，骗子为了不暴露自己，都会以“工作环境不允许”“现在不方便”“摄像头损坏”等理由，多次拒绝或者拖延进行视频通话。当有这种情况出现时，基本上就可以判定对方为骗子。当然，在有的诈骗团伙中，会有男性、女性骗子相互帮助接听电话、视频聊天的情况，这就需要我们从其他方面入手，综合判断。

四是坚持线下约见。

除了“酒托”等线上交友、线下骗钱的套路外，骗子是绝不可能跟受害人在现实生活中见面的。即使骗子说他（她）和你在一个城市，而每当你提出线下约见时，他（她）总有理由拒绝或者拖延。当有这种情况出现时，基本上就可以判定对方为骗子。因为，当有一个人真心爱你时，他（她）总会“排除万难”，尽快见到你。

为避免遭遇线上交友线下诈骗式局，可以提出由自己定见面地方。如果对方坚持的话，也要在点单前问明消费价格，如果明显超出正常价格，应提出换地方。在婚恋交友中，如果对方的态度也是认真的，当你表现出节俭、不铺张浪费的时候，不但不会丢面子，还会给自己加分。

五是绝不涉及金钱。

在婚恋交友中，如果涉及了金钱，会让两人的关系变得复杂。在网络中进行婚恋交友，涉及金钱更要谨慎万分。以往的经验告诉我们，在网恋中向对方借钱或者索要钱物的，基本都是骗子。骗子的目的就是你口袋里面的金钱，即使你非常委婉地拒绝他（她）金钱的要求，他（她）也会马上“离你而去（拉黑）”。

六是多向亲友咨询。

有人说，处于热恋中的男女，智商都为“零”。这也是网络婚恋交友诈骗中，骗子为什么能够屡屡得手的原因。在骗子的甜言蜜语和贴心关怀之下，很多人都会忽略常识，对骗子拒绝视频、拒绝见面、一心要钱的行为选择性忽视。因此，越是觉得网络那头的他（她）是自己的“白马王子”“真命天女”，越是要向自己的亲友说明情况，征求意见。当局者迷，旁观者清，在很多受害人及时警醒、跳出骗局的案例中，都是得到了亲友的及时提醒。

第二章 网络贷款诈骗

贷款是个人生活和企业经营中经常发生的情况，特别是在经济下行的特殊时期，贷款的需求尤其旺盛。而诈骗分子也正是看到了这一点，放出“无抵押、低利息、放款快”的网络贷款广告，利用受害人急于用钱，容易放松警惕的心理，精心布局，诱使受害人落入圈套。有关网络贷款的骗局有很多，有提供低息无抵押贷款的，也有帮助提高贷款额度的，还有声称可以修复征信的。在近年中，网络贷款诈骗已成为电信网络诈骗中发案量较大且最具欺骗性的一类诈骗。

一、以案说骗

1. 低息无抵押贷款

市民徐先生最近急需一笔资金周转。某日在浏览网页时看到一则“低息无抵押贷款”的广告，为解燃眉之急，徐先生便抱着尝试的心理，根据广告操作提示，填写了个人信息。

没过多久，他便接到了一家网络贷款公司的电话，对方声称其是××平台的客服人员，其所在公司是一家正规的贷款公司，无须抵押，放款速度快。徐先生随即告知其需要贷款 6 万元，客服表示申请贷款必须先提供本人的身份证、姓名、银行卡、地址、社保、公积金及工作收入等信息，交由公司负责人进行审核，审核通过后才能放款。

随后，根据对方的要求进行操作，徐先生很快通过了该公司的贷款审核。但在与客服的联系过程中，徐先生被要求支付 900 元购买一份“保险”，用于担保此笔贷款。办完“保险”后，客服又继续告知徐先生，经该公司查询，发现其征信记录不良，贷款无法顺利下拨。急需用钱的徐先生以为是由于自身原因导致无法放款，便着急向客服求助。客服告知徐先生可以帮助其优化征信记录，只需再支付 1900 元即可。为了顺利办理贷款，徐先生再次支付了 1900 元。

第二天，客服又告知徐先生该公司最近办理贷款的人数较多，正常情况下等待放款时间较长，如果成为该公司会员，放款速度就会加快，并且会员级别越高，放款速度越快，会费则根据级别需缴纳 300 至 2000 元不等。徐先生觉得“有道理”，便再次支付了 2000 元会费。

徐先生按照对方的要求进行了一系列操作后，本以为可以顺利拿到贷款，没想到等了十来天也没有任何放款信息，并且客服的电话、QQ、微信也联系不上了。

“我感觉自己像掉进了一个坑里，而且这个坑越变越大。”到此，徐先生才如梦初醒，发现自己被骗，最终向警方报案。

2. 提高贷款额度

近日，徐女士接到一个陌生电话，称只要缴纳手续费就可以帮助其提升某金融平台的贷款额度。徐女士考虑到自己平常做生意需要资金进行周转，便抱着尝试的心态加了对方微信。对方声称可以帮助徐女士将“借呗”提额，但需要支付一定的手续费用。一开始徐女士有些警惕，对方便坦然地将自己的身份证、员工证以及公司的营业执照发给了徐女士，最终获取了徐女士的信任。但令人没想到的是，徐女士前脚刚向对方账户转了 8088 元手续费，后脚骗子就杳无音信了。事已至此，徐女士才意识到自己被骗。

3. 注销网贷账户

程女士于几年前在一款名为“×学贷”的网络平台上进行了注册，用于日常购物消费。之后，忙于工作的她对这一平台的使用频率越来越低，逐渐忘记了这个账户的存在。

近日，程女士突然接到一个自称是“×学贷”客服的人打来的电话，几番交谈后，对方称由于程女士注册的账户处于闲置状态，如不及时注销信息将会对其今后生活产生不良影响，让程女士注销其在“×学货”注册过的个人信息，并为其提供了一个 QQ 号与之联系。因对方能够说出程女士的个人信息以及之前所购商品名称，同时担心个人信用受到影响，程女士对该客服所称的日常账户维护深信不疑。

随后，程女士便加对方为 QQ 好友，在聊天过程中，“客服”称愿意帮助程女士尽快完成账户注销，但需要账户清零，否则不能注销，并让其下载一款“××金融”APP。此时的程女士已完全丧失了应有的防范之心，听从该客服指令开始进行相关操作。

所谓的“客服”查看程女士在该 APP 的借款额度后，让程女士将 3500 元额度借款全部提现，并为其提供了户名为黄某某的银行卡号。于是程女士便按照“客服”的指令将提现的 3500 元转账到了这张银行卡内。在转账成功后，“客服”又查看到程女士支付宝内“蚂蚁借呗”有借款额度 3500 元，接着让程女士将“蚂蚁借呗”的 3500 元也提现到绑定的银行卡，并将提现的 3500 元转账到黄某某的银行卡。虽然此次转账操作并未成功，没有收到转账信息的“客服”并未就此收手，又给程女士提供了微信二维码让其继续支付。在向“客服”继续支付 2995 元后，程女士追问“客服”注销结果，此时这位所谓的“客服”再也没有回应。程女士这才发现自己已被骗，遂向当地警方报案。

4. 贷款附加业务

徐先生最近生意不顺，急需一笔资金进行周转，奔走于各大银行办理贷款业务，但由于银行程序较多，所以办贷过程不是很顺利。

一天，徐先生接到一个电话，对方自称是之前与其有过业务的某银行工作人员张经理，声称他们银行内部有渠道可以快速放款，听说徐先生需要资金周转，可以帮徐先生办理这项业务。徐先生向张经理表示一定积极配合业务办理。张经理以贷款审核为由让徐先生将身份证、银行卡以及动产、不动产等个人财务情况告知他，不一会儿，徐先生收到了一条办理个人信用卡的短信，张经理称这是他们银行快速放贷的一个附加业务，只有在他们银行办理信用卡才能享受快速贷款的福利政策。

徐先生在生意场摸爬滚打多年，是个“懂规矩”的人，于是就把办理信用卡的短信验证码等消息告诉了张经理。之后，张经理告诉徐先生贷款已经审批下来，明天就会到账，徐先生也收到了办理成功的短信通知。可到了第二天，办理的 30 万贷款依旧没到账，徐先生坐不住了就打电话给张经理，但张经理电话关机联系不上。这时，徐先生收到了信用卡套现的短信，短信通知徐先生其名下的信用卡已刷完 10 万元的信用额度，请在规定期限内及时还款。徐先生这才反应过来，意识到自己被骗了。

5. 贷款 APP 会员

一天，在外务工的孙先生接到一个电话，电话中一名女性自称是某某金融公司的客服人员，询问孙先生是否有贷款的需求，并告知其所在公司正在提供贷款业务，且利息低于银行，放款速度快。孙先生正好最近资金紧张，随即表达强烈的贷款意向。

随后，一名自称为该公司的“专员”致电孙先生，孙先生咨询了诸多关于贷款的问题，“专员”一一解答，为了进一步交流，“专员”询问是否可以加微信，孙先生随即将自己的微信号告知对方。对方在添加孙先生的微信后，推荐其下载安装一款名为“××诚联”的贷款 APP。“专员”提出，只有在 APP 上充值成为会员才能贷款，充值金额越多，贷款额度越高。

根据该 APP 相关页面显示，会员充值从 418 元至 2336 元不等，所对应会员级别，从月会员上升至年度会员，充值方式简单易懂，只需扫描 APP 上提供的收款码便可进行付款。为尽快缓解资金压力，孙先生先后扫码支付共计 2754 元。“专员”随后发来的一张贷款审批图，承诺款项当日到账，让孙先生耐心等待。

苦等几小时，仍未见资金进账，孙先生便通过微信询问“专员”，但却迟迟不见“专员”回复，意识到被骗的他随即向当地公安机关报警。

6. 下调贷款利率

前段时间，张女士为了缓解生活窘迫的压力，在 B 贷款平台进行了一笔小额贷款。没过几天，张女士接到了一个陌生电话，对方称自己是 B 贷款平台的工作人员，由于系统出错，她之前申请的贷款利率比正常利率高很多，需要重新调整办理，让她将之前到账的 20000 元“退还”至“官方”账户，等利息调整好之后再进行发放。

担心利息过高会给自己带来不必要的负担，张女士没有丝毫怀疑，便赶紧按照对方的指示，将刚刚贷款到手的 15000 元转到了对方提供的账户。第二天，当张女士再次试图联系对方询问事情进展情况时，却发现对方已将其拉黑，这才意识到自己可能被骗。就这样，刚贷款到手的钱，还没焐热就被骗走了。

7. 提前还款

张张因为资金周转问题，2019 年时曾在某正规平台贷款了 4 万元，并约定每月在其银行卡扣除 1778 元分期还款。到了 2021 年，由于剩余的还款金额不多，张张打算一次性提前还清贷款。

由于不了解提前还款的流程，于是张张在浏览器上搜寻了该平台的电话，并联系了对方。张张告知对方自己想一次性结清贷款，对方在电话里中告知了其工号、姓名，清晰说出了张张的贷款金额、开始时间、每月还款数额、利息和服务费，并且讲述了如何减免利息和如何办理一次性结清贷款。

因为对方对自己的贷款信息很了解，张张便没有怀疑，开始按照该客服的指引操作。客服首先让张张在微信中搜索并关注了该平台的公众号，并在里面输入自己的姓名、身份证号和提前结清贷款所需的金额 7635. 29 元，再输入了银行卡的 4 位尾数。对方称先帮张张申请，申请好后就可以操作了。过了 10 分钟，客服告知张张申请不了，就让张张重新输入信息，结果还是不成功。之后，客服提出让张张把还款的费用转给财务负责人肖肖，让肖肖帮张张进行还款操作。

由于之前已经完全信任对方，加上急于完结此事，张张没有犹豫就向客服提供的银行账户转账了7635.29元。对方告知张张，过一会儿会就给他开结清证明。但是一直等到下午，还没有收到结清证明。再打对方电话时，已经无法接通。

8. 美容贷

小谢是一名在校大学生，从小就喜爱表演并以优秀的艺考成绩考入了某知名大学的表演专业。通过几年的专业学习，小谢在演技上得到了很大的提升，想进演艺圈追逐明星梦，但接连到多个剧组试戏都没有得到角色，这让小谢开始自我怀疑，她认为得不到角色是因为自己还不够漂亮，于是打算去整容。

但高昂的手术费用让小谢望而却步，正当小谢不知如何是好的时候，一家经纪公司联系了小谢，称可以帮小谢免费整容包装并提供高薪。面对天上掉下的馅饼，小谢果断“接住了”。

该经纪公司告知小谢，为了防止毁约，需要小谢自行贷款垫付手术费，公司会在演员完成公司的定额工作量后帮助其偿还贷款，并向其推荐了某网贷平台。小谢没有考虑太多，就与该经纪公司签署了合同，并顺利地从该网贷平台贷出了10万元用于整容。

几个月后，小谢手术成功，正憧憬着演艺生涯的开启，却发现经纪公司规定的定额工作量根本是不可能完成的任务。对于小谢来说，不仅得不到公司承诺的高薪，还无力偿还贷款，深陷网贷债务之中。

后经公安机关调查，所谓的经纪公司、网贷平台、美容诊所，其实是相互串通的犯罪团伙，以免费整容包装为由诱导他人贷款，从中获取非法利益。

9. 修复不良征信

兰女士大学毕业后自主创业，经营着一家餐饮店，生意很好。2020年6月，兰女士打算增加投入扩大规模，但手头资金不足。于是兰女士在网上寻找了几个贷款平台尝试贷款，后因为放弃了扩大餐饮店规模的想法就没有进行贷款。

2020年8月，兰女士收到一条QQ添加好友的信息，对方自称是某金融平台客服。添加好友后，该金融平台客服告诉兰女士，“你在读大学期间，通过第三方校园推广扫码泄露了信息，被人冒名注册了一款网贷APP，该网贷APP涉嫌违法，将会影响你的征信，现在需要借出额度3万元后再还上才能够关闭。”接着该金融客服发给兰女士一个银行账号，让她将3万元转到这个安全账户中，通过资金运转就可以清空网贷APP的相关信息，并修复兰女士的征信。

对方为了证明自己不是骗子，给兰女士发送了自己的工作证件和身份证照片，并称 3 万元会在规定的时间内退还。在对方的指导下，兰女士按照对方说的步骤进行操作，将从支付宝借呗中借来的 3 万元转账到对方提供的账号上。

转账后兰女士把自己的银行卡号和名字发给客服，让客服关闭涉嫌违法网贷 APP 后将 3 万元转回自己的卡上，然而此后对方客服再也没有回复消息，还将兰女士拉黑。兰女士这才意识到自己被骗。

二、骗术解析

当前，电信网络诈骗案件高发，而网络贷款诈骗已经成为其中发案量较大且最具欺骗性的一类。诈骗分子利用受害人急需资金周转，警惕性较低的心理，精心设局，一步步引诱受害人陷入圈套，频频得手。网络贷款诈骗涉案金额动辄上万元，不仅使受害人蒙受经济损失，更让原本就不宽松的生活雪上加霜。在相关案例中，有的受害人被不法分子接二连三地进行诈骗，甚至产生抑郁心理，社会危害性极大。

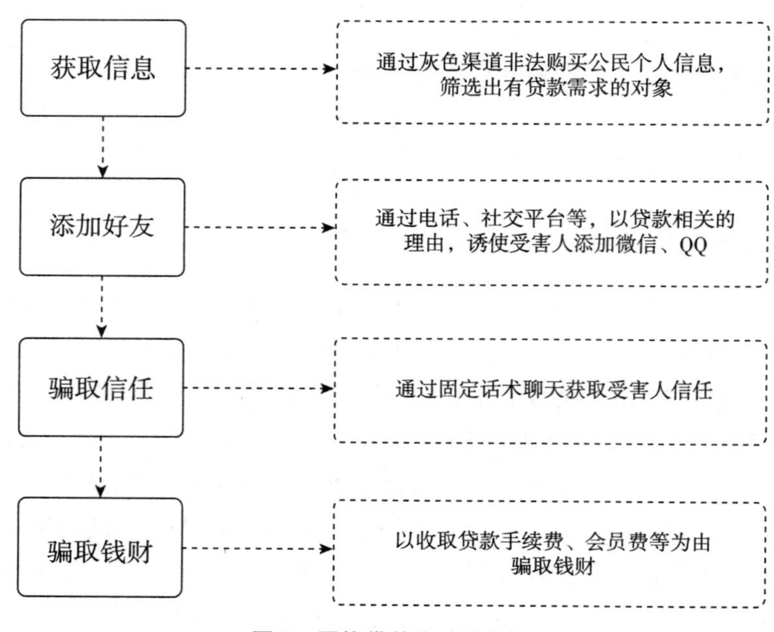

图 2　网络贷款诈骗流程图

在网络贷款诈骗中，不法分子经常使用的诈骗套路一般分为以下几个步骤：

第一步：非法获取公民个人信息

在此类诈骗案件中，不法分子首先会通过各种渠道获取公民个人信息，筛选出有贷款需求的对象；或者通过在网页挂载贷款广告，诱使有贷款需求的受害人点击页面，填写详细个人信息。

第二步：骗取信任，添加好友

在获取受害人个人信息后，就会有不法分子假冒贷款公司客服人员通过拨打网络电话，添加微信、QQ 好友等方式，与受害人取得联系。在明确受害人具有贷款意向后，便会向受害人推荐其“公司”贷款项目，并声称“无须抵押，当天放款”等，利用受害人急于求贷心理，进一步麻痹其防范意识。或者声称可以帮助受害人提升贷款额度、注销闲置账户、恢复信誉额度的方式进行诈骗。

第三步：使用话术，骗取信任

接着，不法分子便开始使用提前准备好的固定话术，一步步骗取受害人信任。首先，不法分子会声称其所在公司是某某正规贷款公司，为了打消受害人怀疑，骗子甚至会采用视频聊天的方式，让受害人“亲眼”看到公司规模，并将身份证、员工证以及公司的营业执照等证件发给受害人。诈骗集团还会定期对员工进行话术培训，分析研究目标对象的心理，不断总结，分享经验以提高诈骗成功率。

第四步：骗取钱财，收取手续费

随着受害人开始陷入圈套，所谓的“客服”便会表示申请贷款必须先提供本人基本信息，交由公司负责人进行审核，审核通过后才会放款。在与受害人继续联系的过程中，骗子会声称需要买“保险”，缴纳保证金等来用于担保此笔贷款。在受害人办完“保险”后，又继续告知受害人，经公司查询，发现其征信记录不良，贷款无法顺利下拨。或者声称可帮助受害人优化征信记录，提升贷款额度、注销闲置账户、恢复信誉额度等，只需支付一定费用即可。

这样一套流程下来，如果受害人还未发觉自己被骗，不法分子便会接着采取后续操作，骗取更多钱财。如告知受害人该公司最近办理贷款的人数较多，正常情况下等待放款时间较长，如果成为该公司会员，放款速度就会加快。并且会员级别越高，放款速度越快，会费则根据级别需缴纳不同费用。越陷越深的受害人信以为真，便会缴纳更多费用，或者以提升受害人贷款额度的方式直接骗取受害人缴纳相关费用。

最后，在受害人按照对方的要求进行了一系列缴费操作后，本以为可以顺利拿到贷款或提高信誉额度，但没想到并无任何反馈，并且“客服”的电话、QQ、微信也联系不上。此外，不法分子甚至会对受害人采取不响应但也不拉黑的策略，消耗其耐心。遇到难缠的，就先答应退款，再以各种理由拖延，直至自动放弃。强开蚂蚁借呗、提高花呗额度、办理高额信用卡，办理网络贷款等诈骗手段也被骗子称之为“杀鱼盘”。其中诈骗集团往往分工明确，有专门注册账号、发布虚假贷款广告的“钓鱼手”，也有负责骗取受害人信任、诈骗钱财的“杀鱼手”等。

三、防范建议

以贷款之名，行诈骗之实。诈骗团伙能够屡屡得逞的首要原因，就是能精准定位到目标对象。诈骗分子通过不法手段获取公民个人信息，并通过筛选找到急需资金而征信有问题，或者不太了解银行贷款业务和网络知识的人。因此，为了防止上当受骗，笔者建议从以下几个方面入手：

一是增强防范意识。

如需申请贷款，需到国家正规金融机构申请。并且，正规的贷款机构都具有营业执照，在进行信用贷款时需要相关的身份证明和资产证明手续。最直接最有效的方法就是直接打电话到当地的工商局，核实这家公司的注册情况。此外，在日常生活中要做到以下几点：第一，不要在网上随意留下自己的个人信息，以免被骗子利用；第二，不要下载来路不明的 APP，不要随便点击未经认证的链接、二维码；第三，不要轻信网络电话、网络贷款的信息。

二是放弃侥幸心理。

天上不会掉馅饼，不要想着利用捷径去贷款，尽量通过正规渠道、官方平台贷款。在进入借贷平台之后，可以通过企查查、天眼查等工具做必要的背景调查。诈骗团伙之所以能够屡屡得手的原因就是利用了受害人急于求贷、心存侥幸的心理实施诈骗。

三是借贷过程中切忌给他人转账。

银行、正规的贷款公司不会要求借款人在申请贷款前就提前支付“保证金”

“手续费”“保险费”“服务费”等各种费用。因此要主动学习了解金融贷款知识，提高对贷款诈骗的防范意识，谨防落入诈骗陷阱。一旦遇到在贷款过程中要求提前缴纳相关手续费、保证金的，就需有意识地对对方信息进行核实。

四是一旦受骗立即报警。

如果不小心遭遇诈骗，要第一时间选择报警。在可行范围内，也可以联系银行、腾讯、支付宝等客服人员，及时冻结相关账号，避免遭受更大损失。此外，被骗后也应转变心理，及时采取措施，注意留存聊天记录、银行交易流水等证据，为警方开展案件侦查提供帮助。

第三章　网络购物诈骗

当前网络购物、网络交易发展迅速，消费者购物时可打破时间、空间限制，随时随地通过网络购物满足自身需求。尤其在大数据背景下的电子商务模式中，商家不仅可以节省场地租赁费用和人力成本，降低经营成本，而且能够根据消费者的购物习惯进行精准营销，提升消费者购物体验和网购建议成功概率。但诈骗分子也随着电商经济的快速发展将目光投向网络购物领域，伪装身份、虚构名目，借助网络实施网络购物诈骗犯罪。

一、以案说骗

1. 限量版

小龙看中一双限量版球鞋，已经在网上找了好久，但要么是断码要么没有现货。有一天上网冲浪时，小龙突然在一家网店里看到了梦寐以求的球鞋。虽然卖家的信用级别不高，也不像是个专门卖鞋的店，但毕竟这是自己找了好久的一款鞋，尺码又正好合适，小龙没有丝毫怀疑，就通过平台的聊天功能向卖家发起询问。

卖家称“平时不常在线，购买请加我这个 QQ 联系，还能享受更多优惠”。求鞋心切的小龙立马添加了卖家的 QQ，告诉卖家自己想买的鞋子和尺码。卖家随即表示鞋子有货，并发送了一个商品链接。小龙点开一看，就是自己想要的那双鞋的购买页面，于是小龙丝毫没有犹豫，就按平时的操作购买并付款。

当晚，小龙想看看物流进度，再次通过官网进入自己“已买到的宝贝”一栏，却发现购买记录里根本没有这双鞋，赶紧与店家联系，对方一直没有理会，再用 QQ 联系，对方已将他删除拉黑，而他通过银行网站查付款记录，发现自己的钱支付到了一个陌生账户，才发现自己被骗了。

2. 二手货

小焦是一名在校大学生，她十分喜欢拍照，前段时间在网上学习了摄影教程，于是想买一台相机练习。小焦看中了某款知名品牌的相机，这款相机的官方售价为 5500 元，在某二手平台上的转卖价一般也要 2500 元左右。

一天，小焦在网上逛二手平台时，偶然看到一个二手卖家在出售该款相机，且售价仅为 2000 元，小焦觉得十分划算，于是就联系了卖家。卖家告诉小焦因为他购买了新款相机，老相机就用不上了，所以便宜卖，价格还可以再谈。还将相机的购买凭证、损耗情况等信息发给小焦看。卖家承诺小焦，如果买的话就将配件一并送给她，小焦对此十分满意，就添加了该卖家的 QQ，并最终在 QQ 上说好以 1800 元的价格成交。

随后，卖家给小焦发送了一个链接，该链接打开之后和二手平台一模一样，于是小焦按照约定的价格在链接上支付了款项。过了几天，购买的二手相机迟迟没有到货，小焦有点着急询问卖家却发现联系不上，查询卖家之前发的快递单号也证实是虚假的，打开二手平台发现原来卖家发的是一个假链接，这才意识到自己上当受骗了。

3. 退差价

某日上午，李女士在网购平台上购买了150元的东阿阿胶。当天下午，李女士突然接到一个电话，称是东阿阿胶店铺的客服。客服说："李女士您好，我们这边后台看到您上午拍下150元的阿胶，我们价格有所调整，比你购买的价格便宜，但是你已经下单了，我们需要把钱通过微信退给您，才能发货。"

为了收回"差价"，李女士按对方的要求添加了微信。在聊天的过程中，对方给李女士发了三次二维码图片。李女士在扫描这些二维码后，被要求输入身份证和银行卡号。随后，对方还以退款需要为由，要求李女士将手机收到的验证码发送给他们。对于手机二维码新型支付方式，年逾五十的李女士不甚了解，并未起疑，按照对方的要求一一进行了操作。但不久后，李女士收到了银行短信提醒，发现自己银行卡上有2万余元被转走，才知晓自己被骗了。

4. 返现

某日，龚女士听朋友谈起在"××云购"上购物，所付购物款平台都会悉数返现，相当于买东西不花钱。听完之后，龚女士顿时心动，在手机上下载"××云购"软件。下载注册完成后，龚女士通过挑选商品，选择了一台净水器，价格为9968元，和正常的网络购物流程一样，龚女士填入收货地址和联系方式，提交订单后，选择支付方式完成付款。

根据"××云购"APP的承诺，从消费者付款完成后的第三日起，两个月之内会将购物款全款返还至消费者的"××云购"平台账户。在达到约定日期之后，龚女士进入"××云购"APP，发现自己确实收到了9968元，但是在发起提现申请后，却始终没有到账。此时，龚女士再次打开"××云购"APP时，发现已经显示封锁，难以查询订单信息，龚女士感觉自己应该是被骗了。

5. 召回

刘女士在××平台的某知名旗舰店购买了一件衣服，在完成签收将近一个月后，她接到自称是该旗舰店工作人员的电话。该"工作人员"告知刘女士，她买的衣服由于存在质量问题，在近期需要召回，并声称可将购物原款全部返回，并核对了刘女士的订单信息，包括货号、姓名和联系电话。

由于之前也遇到过退货的情况，并且对方能清楚地说出自己的相关信息，刘女士便没有过多怀疑。紧接着，该“工作人员”以过了“××平台”七天无理由退货期限为由，提出通过第三方平台进行退款操作。

为了尽快完成退款，刘女士便通过该工作人员的推荐，绑定了一个名为“×××好期贷”的微信公众号。注册完成后，“工作人员”又致电称，退款已以额度的形式退还到“×××好期贷”平台账号，但不小心多退了钱，麻烦刘女士退回额度。刘女士进入平台，发现账户上确实有新增额度，并按照“工作人员”的指示将多退的额度返还。

之后，刘女士想把额度提现到自己的银行卡上，操作页面却显示刘女士需要还款500元才可以提现，刘女士支付了500元后，页面又弹出需要200元激活账户。此时，刘女士开始怀疑此事的真假，便去××平台的知名旗舰店询问客服，得知其购买商品并没有被召回，才得知自己被骗。

6. 福袋

丁先生是一个喜欢新鲜事物的人。一天，丁先生在某电商平台上看到店家出售“超值福袋”的广告，觉得挺有意思就联系了店家。根据店家的描述，一个“福袋”售价50元，“福袋”里的商品是不确定的且随机发货，买家如果运气好的话，可能获得新款的数码产品、手表、钱包、球鞋等商品，但如果运气一般的话，就只有一些过季的服饰以及二手物品，福袋质量不保证，商品也不退不换。

这种销售模式让丁先生觉得非常新奇，而且在店家的评论圈里面，还有好几个买家“晒图”说自己运气好，收到了价值几百元甚至上千元的衣服和数码产品，这让丁先生觉得“福袋”十分便宜，性价比很高，于是马上下单买了30个。

几天后，丁先生收到了商家寄来的快递，他拆开第一个“福袋”后发现里面只有一根劣质耳机和一条塑料手链，加起来不超过五元。丁先生觉得可能只是运气不好，就又拆了第二个“福袋”，但里面的东西依然是廉价品。当丁先生将30个“福袋”都打开后，发现其中无一例外都是廉价的劣质产品，丁先生赶忙在电商平台上联系卖家，却怎么也联系不上了。

7. 机票

由于出行需要，李女士之前在网络平台上订购了机票，今天眼瞅着飞机就快要起飞了，却突然收到一条短信。短信告知李女士，飞机即将延误，并提示如有需要可进行改签，事后能获得航空公司提供的作为航班延误的经济补偿费300元。最后该短信还附上了一个客服电话，便于李女士与客服进行联系。

李女士想着航班延误事小，耽误公司安排的正事就不好办了，便随即拨通了该客服电话。电话中，客服人员告诉李女士，也可以选择全额退款，再另选其他航班。心急的李女士为了不耽误出差，就答复客服说愿意退款。之后，李女士在客服的指挥下，将自己用于接收退款的银行卡号、银行发送给自己的验证码全部告诉了对方。结果，李女士不但没收到退款，反而收到了银行发来的余额变动短信，自己银行卡内的4万余元全部被转走，李女士这才惊觉自己被骗了。

8. 海外代购

小丽之前在某二手交易平台认识了周某，并互加了微信。2020年年初，小丽在与周某聊天过程中，得知周某“在美国读博”，两人在微信上越聊越投机，对周某更加信任。

聊天过程中，周某表示自己在读书的同时，也从事海外代购，皮包、手表、项链等奢侈品在国外购买比国内会便宜许多。小丽想着正好到了结婚纪念日，便在周某处定了一块名表，准备送给自己老公。

没过多久，周某便告诉小丽已经找到货源，价格折合人民币是25980元，小丽支付货款后可以马上发货。小丽将货款打过去后，周某发给小丽一个海外快递单号。但过了一周，周某发来的快递单号一直没有更新动态，咨询快递公司客服后，得知该单号系伪单号。在小丽多次催促还钱后，周某又发来一张转账记录图片。记录是有了，可钱却迟迟未到账。此时，小丽才确定，这次代购是遇到了骗子。

9. 宠物领养

小小在家里翻阅微博，看到有一个微博名叫“Tony”的博主发布了一条领养小猫的信息。小小很喜欢小猫咪，就通过微博私信她，告诉她自己想领养，对方让她留了联系方式，小小就把微信号留给了对方，互加了好友。

对方告知是有偿领养，价钱是人民币1000元，收到钱后，小猫会通过顺风车给小小送过去。小小觉得有偿也没问题，不过为了防止被骗，小小提出先付500元，等收到小猫咪之后再付剩余的500元，对方也答应了。小小就通过扫支付宝付款码的方式付了款，并把家庭住址和联系电话发给对方。

两个小时以后，有一个自称是顺风车司机的人给小小打电话，说马上就到，让小小在小区门口等他。“Tony”也发消息询问是否收到小猫，可以支付尾款了。小小说没有等到司机，并表示要看到猫之后才会支付尾款。但小小在小区门口苦等了一个小时也没等到顺风车司机，“Tony”也把小小的微信拉黑了，小小这才意识到自己被骗了。

二、骗术解析

在网络购物诈骗中，骗子的诈骗套路一般分为以下几个步骤：

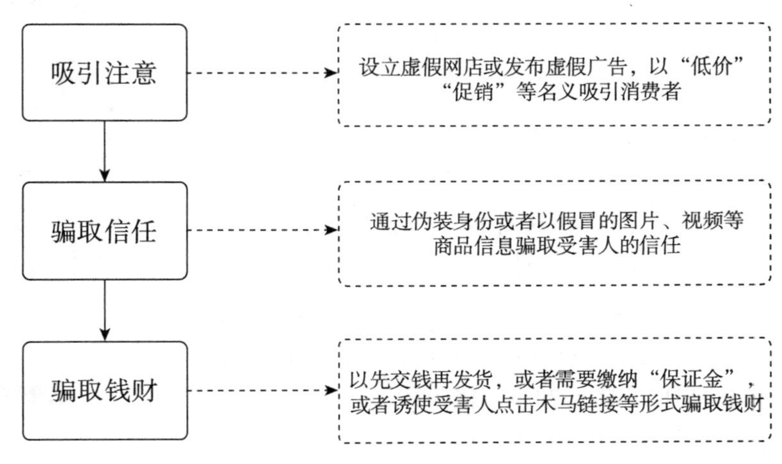

图 3　网络购物诈骗流程图

第一步：吸引注意

在纷繁复杂的网络信息中，不法分子总是绞尽脑汁吸引消费者的目光，如不法分子通过发布虚假广告，以“低价”“促销”“秒杀价”等方式吸引消费者的注意力，甚至通过伪造国内知名的购物虚假网站，以远低于市场价的价格吸引网民注意力。

第二步：骗取信任

骗取信任是骗子诈骗最为关键的一步。在网络购物诈骗中，骗子为了获取受害人的信任，可谓绞尽脑汁。为了证实虚假信息的真实性，骗子会提前准备相关的视频、图片、商品参数等信息，使受害人信以为真。更有甚者，在购物异常退款类诈骗中，骗子往往都是通过非法渠道获取受害人的订单信息之后，再实施诈骗。这类诈骗中，由于骗子能够准确说出受害人的订单情况和个人信息，更易获取受害人的信任。

第三步：骗取钱财

当获取受害人信任后，骗子就会虚构各种理由骗取受害人钱财。网络购物诈骗的骗术类型多种多样，最后骗取受害人钱财的手段也不尽相同。有的案件中，骗子通过添加受害人微信、QQ 好友之后，以先收钱后发货、需缴纳“定金”“保证金”为名直接诱使受害人转账。有的案件中，骗子通过诱使受害人点击木马链接，盗取受害人账户信息，盗刷受害人银行卡。

三、防范建议

一是不贪图便宜。

天上不会掉馅饼，明显低于市场价的网购商品一定不要轻信；太易获得的“稀缺商品”一定不要相信。

二是选择正规电商平台交易。

网购时应使用正规的电商平台进行交易，遇到问题也应通过电商平台进行申诉和退款操作，遇到“网购平台客服”要求加 QQ、微信的应一概拒绝。

三是及时核实信息。

接到陌生电话自称某平台客服时，应通过官方网站或者官方电话对相关信息进行核实，不要轻信陌生来电。

四是坚决不提前转账。

在正规电商平台之外进行网购交易时，切忌在未收到物品时，先给对方转账。

五是掌握网络购物小常识。

（1）如有人声称订单异常或快递丢失需要退款给客户时，应当注意来电或短信的真实性。购物网站的退款不会让你输入银行卡号、密码等信息。

（2）正规的退款流程只会在购物网站平台内发生，不会让你添加 QQ、微信、支付宝好友进行退款的。注意退款时不要进行支付宝、ATM 机的任何所谓的退款操作，因为退款操作根本不需要支付宝、ATM 机协助，而是直接退款到账上的。

（3）遇到此类诈骗，一是及时修改自己的交易密码以防信息泄露；二是及时与客服核实自己的购物订单。

（4）任何一个验证码都有可能和您的款项交易相关，请勿随意告知他人；任何涉及款项、个人信息的相关操作，请第一时间联系购物网站官方客服或拨打 110 核实确认。

第四章　招聘兼职诈骗

互联网的快速发展，催生了各种“互联网+”的业务模式，通过网络寻求招聘和兼职的机会也成为常态，而骗子也将线下的招聘兼职诈骗转移到了网上，而且结合各类互联网业务又演化出了各种新型诈骗兼职骗术，令人防不胜防。典型的如采取“刷信誉获取佣金”方式实施的网络刷单诈骗，目前已成为电信网络诈骗中最为高发的诈骗类型之一。

一、以案说骗

1. 网络刷单

某日，小孟的手机收到一条通过“1069”短信平台发送的招聘短信，短信内容为：“淘宝会员您好！新开旗舰商城，为提高销量急需兼职刷单人员，一任务一结，日赚300元轻轻松松，无须押金。联系QQ：×××××。”正在上大学的小孟，想着正好可以挣一些零花钱，便联系了短信上所留的QQ号。

QQ上自称为客服的人员介绍，客服会发给刷单者任务单，里面包含了要拍下的商品链接和对应的注意事项及说明，客服人员给出的佣金承诺是，刷500~999元任务的报酬佣金为5%/笔，刷1000元以上任务的报酬佣金为7%/笔，任务金额越高，佣金比例越高。客服人员举例称，做500元就可以得到25元的佣金，稍微熟练的人每小时做5笔都不成问题，可稳定获得125元/小时左右的收入，一天操作2~3小时兼职，完全可轻松赚300元以上。

在得到小孟的确定后，客服人员发来兼职工作申请表让其填写，内容包括手机号码、支付宝账号等。不到五分钟，小孟即通过系统审核。对方称，由于第一次工作，会先给他新手任务，并承诺完成任务3~5分钟后返款本金佣金到账。随后，小孟收到了对方发送的一个任务端口链接，进入链接之后发现不是淘宝的网店，而是一家名为“任信数卡”的网店。小孟一度怀疑，但想着第一笔也就110块钱，“被骗也就这么多了”。

于是，他花了110元在“任信数卡”网店拍下了一张面值100元的手机充值卡。随即邮箱便收到了订单编号以及网店发来的充值卡卡号和卡密。他按照客服人员要求将邮箱收到的内容包括订单号在内的截图发给对方，不到五分钟，就收到了对方返还的115元。

此后，客服人员又一次性派了3单，依次为8件、9件、27件，当小孟询问为何还不返款时，对方称要一整个任务完成后统一返款，并称小孟有任务未完成。最终小孟购买了12840元的商品，都未收到返现。此时，他才感觉自己被骗了。

2. 手工兼职

孙艳是一个宝妈，平时不工作，专门在家带娃。一天，她通过淘宝网为孩子购买儿童手工制品时，收到了一则网络招工信息：“简易的手工活外包、工作时间灵活不受限、工资在货物回收后立马结算……”

孙艳看着招聘介绍上说工作难度不大，在家带孩子的人做特别适合，便按照要求填写了求职信息，通过微信联系了一位负责人。负责人称自己也是一名宝妈，告诉孙艳可以查看她朋友圈里的动态消息，了解一下工作。孙艳翻看了负责人长达半年的朋友圈里，基本上都是介绍手工制品如何发货、又有新求职者加入、发放工资的截图，便打消了自己的疑虑。

随后，孙艳询问该负责人如何入职。该负责人提出，为了防止违约，孙艳需垫付一定货物金额，不能微信直接转账，要用红包发送。孙艳便发了 4 次红包，总计 658 元。对方承诺第二天发货，并要求孙艳把她的微信联系方式删掉，理由是为了防止招聘方进行二次收费，并把孙艳分别拉入了手工制作专用群和佣金发放群。手工群只是简单介绍如何制作手工艺品的，佣金群则用于每日工资结算。孙艳虽感到匪夷所思，但还是照做了，删除了负责人的微信。

过了几天，孙艳收到货物——100 个塑料勺和 100 个自封袋。很快制作完成后，孙艳在群里询问如何返回作品时，却发现无人回复，群内也没有发布动态，试图联系群聊中的其他人，也都没有结果，这才意识到自己被骗了。

3. 抖音点赞

去年 3 月，小谢看到一个微信好友在朋友圈一直“炫耀”每天在抖音上简单点赞就可以赚钱，逐渐心生羡慕，便让好友介绍，也加入了好友所在的微信群。

入群后，该群管理人员向小谢介绍，想要参与“点赞赚钱”必须要交纳“入职费”。缴纳入职费后，“点赞”抖音所赚取的“佣金”要在一个“领跃传媒”APP 里面提现。小谢没有多想，随即便缴纳了 998 元的“入职费”。不仅如此，得知邀请新成员参与可以赚取“介绍费”，小谢又立即注册了一个“小号”，也同样缴纳了 998 元的“入职费”，想着“两号齐开”每天都能轻松赚钱。

之后，小谢便开始在群里接收任务点赞，每天的佣金也转入“领跃传媒”APP。等积攒到 500 元后，小谢准备从 APP 里面提现时，却发现自己被踢出了微信群，APP 账号也无法登录了。

4. 兼职 APP

小乐本来在一家公司干得好好的，但是因为疫情，公司涉外业务遭受到巨大的打击，部门不得不裁员，而刚来单位不久、工作经验尚有欠缺的小乐自然成为裁员的对象。

一天，小乐的妹妹看到网上推广的兼职APP，本着帮哥哥找工作的心态，将APP下载到了自己的手机里。该APP自称是一款兼职平台，平台内有大量的企业、公司经常发布兼职信息。工作普遍门槛低，只要你肯干，就一定有好的收入，但是每个人使用这个APP前需要先充值1000元的保证金。

小乐的妹妹在里面充值了1000元并试着进行兼职，发现这个APP真的能够提供工作，而且工资一天能够达到300元，比现在工作单位的工资只多不少。于是，妹妹便马上兴高采烈地将这个APP分享给小乐。小乐一看是自己妹妹推荐的APP，而且是她试用过的，便毫无戒心地缴纳了保证金并开始使用。

APP内的工资是结算在该APP的个人账户中。使用了两天的小乐，看着自己账户内的余额每天以喜人的速度增长，一下子将前些日子被裁员的失落抛之脑后，唯一的顾虑便是这些兼职所得依旧没能提现到自己的银行账户上。但是APP的客服一直告诉小乐，他们是正规平台，不会做侵吞他人财产这种违法犯罪的事情，并且现在APP内有活动，将个人资产存放在APP内的账户中，每三天能够提供余额5%的利息。这一番话让小乐吃了定心丸，决定暂时先不提现，放在平台内钱生钱。

到了第三天，小乐的妹妹正想将自己的保证金退回时，发现APP已经无法登录，再看兼职APP的QQ群也已被解散。小乐妹妹赶忙通知自己的哥哥，小乐也尝试登录，发现也无法登录，这才意识到自己被骗了。

5. 话费代理

一日，张女士上网浏览新闻，无意中发现一个招商网站。该网站显示“诚招”加盟商，以极低的价格销售手机话费充值卡，网站给出的最低折扣甚至达到了1.8折，购买一张100元面值的手机话费充值卡，只需要18元。

张女士觉得这是一个赚钱的机会，于是拨通了网站上面的电话。电话里一名自称姓钱的男子向张女士介绍，购买充值卡可以货到后再付款，最低的购买额度为10000元起，折扣为1.8折，即购进总额10000元的手机话费充值卡，只需要1800元。同时对方表示，如果进货量大的话，折扣甚至可以达到1.0折。

因为进货的折扣极低，并且可以货到后才付款，张女士的警惕心理放松了一些。张女士向对方确认要购买手机话费充值卡，而对方则表示，为了防止吞货，必须先交300元的预付款才能发货。张女士便通过银行向对方提供的账户汇了300元订金。没过几天，张女士收到了200张面值50元的手机话费充值卡。

收到充值卡后，张女士立即与“钱先生”联系。对方称，为了防止加盟商不认账，话费充值卡上都有“防火墙”，如果想充值必须和网络部联系，然后再通过网络进行充值。当天中午，一名自称是“网络部”工作人员的女子给张女士打电话，让张女士随意抽一张充值卡，把卡编号告诉她，她会帮忙开通。张女士便按照她的说法操作，将一张面值50元的充值卡充值成功，于是就将1500元的尾款汇到了对方的账户。

钱货两清了，但是张女士手中其他的充值卡还没有开通。张女士继续与“网络部”的女工作人员联系，而该女子称，由于该充值卡折扣极低，张女士必须以九折的价格销售，而为了防止张女士低价竞争，张女士必须向“公司”交3800元的“保证金”后充值卡才会“开通”。该女子承诺，如果在半个月后没有关于张女士的投诉，“公司”会把“保证金”退还给张女士。

在转完3800元的“保证金”后，张女士手中的充值卡仍旧没有“开通”。“网络部”表示，下面的工作属于“营销部”负责。随后，张女士接到另一名自称是公司“营销部”工作人员的女子的电话。该女子称，加盟商必须申请经营资格，张女士还得交3200元办理销售资格。此时，张女士越想越不对劲，意识到自己遇到了网络骗局。

二、骗术解析

在招聘兼职诈骗中，骗子的诈骗套路通常分为以下四步实施诈骗：

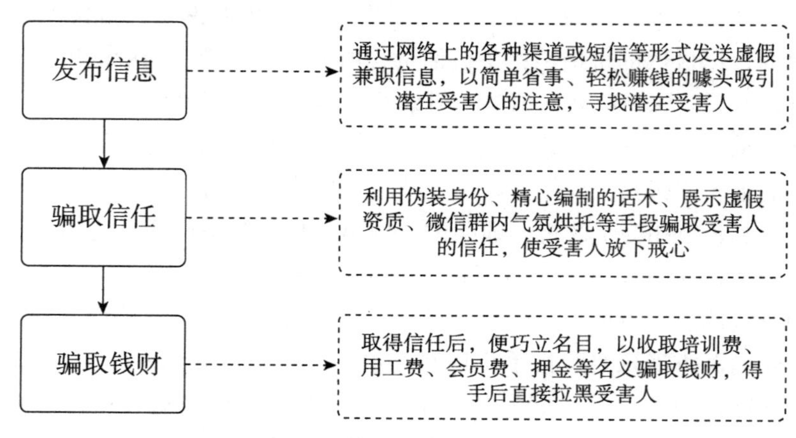

图4　招聘兼职诈骗流程图

第一步：发布信息

为了提高诈骗成功概率，诈骗分子会遍地撒网，通过网络广告、QQ、微信、社交平台、短信，甚至专业招聘网站发布虚假招聘兼职信息，尽可能扩大虚假信息的传播范围，吸引潜在受害人的注意。

第二步：骗取信任

骗取信任在每一种诈骗中都是至关重要的一步。尽管诈骗分子发布的虚假消息总能迎合受害人的需求，比如“在家轻松赚钱”“收入高、结算快”等，但是受害人也并非一开始就对骗子非常信任。为了搭建与受害人之间的信任桥梁，诈骗分子可谓费尽心机，如首单快速返回佣金、晒兼职刷单收益、晒付款截图、展示经营资质等，有些诈骗中，骗子还会假冒其他兼职者在微信群中做托。在骗子的巧妙布局下，即使受害人最初有防范之心，也会经不住诱惑选择相信骗子。

第三步：骗取钱财

获取受害人信任后，骗子就会巧立各种名目，以收取培训费、用工费、材料费、押金、保证金、会员费等名义直接索要钱财，或者以各种理由拒不返还刷单费用并诱使受害人继续刷单，骗取受害人的钱财。

三、防范建议

一是不要相信天上会掉馅饼。

天上不会掉馅饼，大家应该对各类描述得太过美好的兼职机会提高警惕。并且，“刷单、刷信誉”等行为本身就已被明令禁止，并非正当兼职。看到这类网络兼职广告时要提高警惕，不要被蝇头小利所迷惑，骗子正是利用人们想“轻松赚钱”的心理才能屡屡得手，可是赚钱哪有轻松的呢。

二是通过正规渠道核实对方信息。

在通过网络中介寻求招工或者兼职机会时，要对对方的营业执照、经营资质等情况进行审核，且最好通过官方途径对这些信息进行核实，以免被骗。对于那些不能提供资质的机构、个人不能轻易相信，遇到索要“保证金”“押金”“会员费”等费用的情况，应直接拒绝。

三是发现受骗后及时报警。

发觉自己被骗时，一定要保持头脑冷静，选择在第一时间报警，并及时提供对方的电话号码、QQ、微信等信息，如此既可以避免自己陷入被连续诈骗的旋涡中，也可以为警方破案提供线索。

第五章　网络投资诈骗

随着我国经济的快速发展，人民物质生活水平不断提高，投资理财已经成为人们经济生活中的重要组成部分，而网络投资理财因为其操作方便、门槛低，逐渐成为人们投资理财的主要途径。如今，网络投资形式多样，大到期货投资、影视投资、炒股、炒虚拟货币，小到支付宝中的“余额宝”、微信里的“零钱通”等都是网络投资的表现形式。然而，这种热门的投资方式在广受欢迎的同时也被骗子加以利用。骗子为形式各样的网络投资冠以“高回报”的帽子，衍生出多种“以网络投资为名的骗局”。

一、以案说骗

1. 专家荐股

小金是一个刚入股市不久的小白，由于炒股经验欠缺，小金的多只建仓的股票均处于亏损状态，这令小金心生烦恼，急切地想要扭亏为盈。

一天，小金在一个炒股论坛里与网友交流投资经验时，获知网友在“专家”荐股下及时止损，并且开始逐步获利。在询问网友后，小金添加了“专家”的 QQ 号，开始咨询荐股事宜。为了交流更方便，“专家”将小金拉入了一个 QQ 群，并且于每日上午 9 点 30 分前在群里公布当天选中的多只股票。

股市开盘后，小金听从“专家”的指导对相关股票进行操作，发现这些股票有涨有跌。对于涨的股票，“专家”会在群里大肆宣传，而对于那部分跌的股票则声称团队成员早已提前布局，并晒出收益截图。非团队成员需要自行把握买卖价格，加入团队后，“专家”才会提供详细买卖价格。

为了获取更多收益，小金自愿向“专家”缴纳了 8000 元“会费”，加入炒股团队享受高级荐股服务。不过此后，小金发现“专家”指导的股市行情越来越不准确，自己的亏损也越来越多。于是，小金向“专家”反映自己的情况，“专家”却只说是大行情不好。不久之后，小金发现自己被踢出了 QQ 群，QQ 也被“专家”拉黑。此时，小金方才察觉自己可能被骗，随后向公安机关报案。

2. 交易平台

某天，陆先生收到了一个添加微信好友的请求，对方在申请中备注能够推荐“牛股”。出于好奇，陆先生通过了对方的好友申请，开始与微信昵称叫“柠檬草”的网友交流炒股经验。

陆先生和“柠檬草”聊了一段时间后，“柠檬草”将陆先生拉入一个名为“红日亲友团 A6”的微信群。微信群内采取视频直播的方式教群成员炒股。经过几天的学习，陆先生被直播老师的炒股专业知识所折服，并决定开始实践。

接着，直播老师给陆先生推荐了一个投资平台，告知他在该平台上进行交易操作更为方便快捷，手续费更低，赚钱更容易。起初，陆先生只是试探性地将小额资金注入该平台，并在老师的指导下在该平台内炒指数，收益颇丰，心中对老师的信任也逐渐加深。

没过多久，老师告诉陆先生有一个收益更好的投资项目，但是需要较大的投资金额。在巨大收益的诱惑下，陆先生逐渐加注资金，先后共计投入了 200 万美元（折合人民币约 1400 万）。可在之后不到一个月的时间里，陆先生账户内的资金就已经亏得所剩无几。而且，老师对他的质问也不予回应，随后他的平台账号被封停，再也无法登录。最终，陆先生恍然大悟，明白自己遭遇了诈骗。

3. 投资返利

某天，刘先生在朋友圈看到朋友苏某在晒自己的收益截图，并分享了一个投资项目。正好最近有一些闲钱的刘先生，想着可以跟朋友一起投资，便询问了苏某。苏某透露自己近期在一个平台上参加了一个投资项目，每天可以返点百分之三十，并将更详细的投资截图发给了刘先生。刘先生对此十分感兴趣，表示自己也想参与此项目，随后苏某答应帮其投资。

第二天，刘先生通过微信向苏某转账 20000 元作为投资资金。之后三天内，苏某按照之前承诺的比例向刘先生返利约 5000 元。第四日，刘先生接到苏某电话，电话那头苏某说自己的投资账号被冻结，需要增加投资资金才能解冻，想要刘先生和自己一起增加投资金额，享受更多的返利。由于之前的返利比例让刘先生十分满意，刘先生选择相信苏某。随后，陆续通过微信向苏某转账共计 35000 元。在此之后，刘先生再也没有收到过返利，苏某也联系不上，此时刘先生才发觉自己被骗了。

4. 创业分红

小明在抖音上关注了创业老板钱先生。钱先生自称创业 20 年，旗下 MCN 机构粉丝过千万，拥有 15 个天猫店铺。小明对于钱先生的创业经历很是敬佩。

近期，钱老板在抖音上称准备投资一个新项目，正在招募合伙人。小明对此很感兴趣，因为关注钱先生的用户很多，所以小明就加了钱先生助理的微信。助理说只要交钱加盟，便可以成为合伙人，主要是通过做他们的分销商卖课程进行赚钱。并且，助理告诉小明，以钱先生的知名度和创业经历，这个项目稳赚不赔，加盟费只需要 2 万元。

出于对钱先生的信任，再加上也想创业赚钱，小明就给助理转账了 2 万元加盟费。助理说，9 月底会让合伙人一起来参加这个项目的培训，培训完后再卖课程。但是一直到10月中旬，小明也没有接收到培训的信息，而在其他社交平台上却出现了揭露这个骗局的消息，小明才得知自己被骗了。

5. 网店加盟

丹丹作为全职妈妈，一直想给自己找一个可以居家赚钱的工作，丰富自己的生活。一天，丹丹在抖音上看到有人说可以一起开网店，于是就点击链接进去填了自己的资料。

很快，就有一个自称是客服的人员打来电话，称互加一下微信，然后告诉丹丹具体的开网店方式。于是丹丹加了客服的微信，对方在微信上问丹丹是否确定加盟她们的网店，如果确定的话需要缴纳12000元的加盟费。店铺负责提供商品的供货渠道，并且可以直接卖她们店里的商品。丹丹感觉条件可以，不需要自己费心再去找渠道，加盟费用也是能接受的范围，于是就把加盟费打给了对方。

之后，对方就让丹丹下载了一个“店宝宝”的APP，在里面注册个网店，但对方迟迟没有给丹丹提供供货渠道。两天后，当丹丹再次联系客服的时候，发现客服已经将其拉黑了，这才得知自己被骗了。

6. 网络推广

小小经营着一家保健品商店。某日，小小接到一个自称为“京喜”平台唯一指定合作商工作人员打来的电话，跟他说可以在平台直播带货，问小小是否有兴趣加入。考虑到最近直播带货很火，并且“京喜”平台又是正规平台，所以小小就决定尝试一下。

小小根据对方的要求，加了对方的微信，收到了对方发来的一个链接。进入链接后，里面有课程教学。听完课程后，对方再次询问小小是否想成为标杆商家。成为标杆商家的福利是主播带货和吸引流量，但需要签订三年的合同，并交付48000元的服务费。不过，如果是前十名交款的，只要23800元就可以享受相同的待遇。

因为课程的专业度和大量关于主播带货带来巨大利润的宣传，小小觉得成为标杆商家是值得的。而且前十名还有这么大的优惠，小小立马转给对方23800元，来争取做前十名的标杆商家。

过了一天后，小小感觉还是应该再确认一下，就给“京喜”平台客服打了电话。结果客服却告诉他，平台根本就没有指定合作商，而且平时交易都是平台上交易，并不会私下转账的。小小意识到自己应该是碰到骗子了。

7. 内幕信息

今年 42 岁的刘先生是一名有着 10 多年股龄的老股民。经历过股灾的刘先生手中股票持续亏损，近年来一直想扭亏为盈。

某日上午，刘先生还是和往常一样关注着自己股票的行情，偶尔还在股吧中与股友交流投资心得。正当刘先生在股吧中浏览帖子时，他看到一个自称具有某股内幕消息的股友。这时，刘先生想起了几年前的牛市行情，据说许多人当时都因为知晓一部分内幕消息而赚得盆满钵满。出于好奇，刘先生打开了这个帖子并记下了发帖人的联系方式。

一个月后的一天，刘先生打开自己的股票账户，发现上个月自己选中的股票还是没有较大收益，急于回本的他突然想起了上个月浏览的那个帖子，于是立即添加了发帖人的微信。随后，刘先生将自己的情况简单地阐述了一下，并且向对方表示想要跟着对方一起炒股，盈利后一定会有重谢。对方表示，他也经历过股灾，对刘先生的经历感同身受，并且起初他亏损得比刘先生还多，后面得知某股的内幕消息之后才扭亏为盈，并且现在收益可观。

听到这里，刘先生感觉遇到了知音，更加肯定了跟着对方炒股的念头。对于刘先生想要一起炒股的意愿，对方表示因为自己资金不足，不想浪费某股的这波行情，才会想到拉人一起炒股，想要把利益最大化。想要得知此内幕消息，需要拥有一定的投资实力，也就是需要一定规模的资金，并且还需要向他支付 5 万元的信息费。

刘先生十分理解对方的想法，表示自己的投资资金已经达到要求，但是对于其内幕消息的准确性表示怀疑，如若能证明消息的准确性便可支付 5 万元信息费。没过多久，对方将自己股票账户的持仓股票、股票操作记录以及收益截图发给了刘先生。刘先生发现对方的股票仅仅建仓不到一周，便已经有了 30 多个点的收益，并且每次股票买入、卖出几乎都在最佳的价位。突然之间，刘先生觉得自己盈利在即，毫不犹豫地向对方银行账号转账了 5 万元。接着，对方告诉刘先生明日于某价位全仓购入某股票，其余的股票操作会后续接连告知他。

第二天，刘先生按照对方的指示进行操作，可是直到当天股市收盘其购买的股票都处于持续下跌状态。刘先生便向对方询问情况，对方表示明天一定会上涨，让刘先生放心。第三天，此股还是下跌，刘先生想要与对方联系时，发现自己已经被拉黑，这才发觉被骗。

8. 区块链项目

近来，熊先生手头较为宽裕，想要找一个投资项目，让钱生钱。一天，熊先生在一个财经网站阅读了一篇关于区块链技术的介绍，觉得很有投资前景，顿时产生了浓厚的兴趣。之后，熊先生便开始在网上寻找关于区块链的投资项目。

终于，熊先生看到了一个叫作 BEEBANK 的区块链钱包项目。推荐文章宣称，这是全网唯一的去中心化全币种钱包，采用公有链、数据信任体系技术，躺着即可赚钱，24 小时自动运转创造效益。该区块链钱包项目不仅有文字宣传，还有视频推广，文章中的三端矩阵、蜂巢建设、蜂巢领导、蜂巢分红等专业词汇显得整个项目十分“高大上”。

熊先生觉得这个区块链钱包项目符合自己的要求，且预期收益可观，便添加了视频中导师的微信号。通过验证后，导师给熊先生讲解了一下项目特点以及这款区块链钱包的优势，同时给熊先生展示了其他投资人的收益。听完导师的讲解，熊先生十分心动，迫不及待地表示出自己想要参与该项目的投资意愿。在导师的指导下，熊先生将自己的存款 15 万元转入了区块链钱包 APP。

此后的几天，熊先生对于账面上日益增长的资产数目十分满意，并且还时常向身边的人炫耀。但是好景不长，没过几天，熊先生发现区块链钱包的 APP 出现异常，自己的账号无法登录了，并且导师也联系不上了。出现这个情况后，熊先生开始焦虑起来，在网上寻找区块链钱包的其他投资者。一个网友告诉熊先生，BEEBANK 已经跑路了，他也被骗了十几万。

9. 虚拟币投资

近来，余先生察觉到市场上爆炒“比特币”等虚拟货币，让很多人一夜暴富，他十分眼红，同时也觉得自己找到了新的商机。

一个偶然的机会，余先生在网上看到一个名为普银公司发布的“普洱币”。该公司声称“普洱币”是一种以百亿藏茶作为抵押的虚拟货币，投资人所持有的每一枚普银币都有对等的实物藏茶作为抵押。投资人也可将“普洱币”放到聚币网上买卖，以此赚取差价。对中国茶文化有一定了解的余先生觉得“普洱币”投资前景可期，甚至可能成为中国的“比特币”。于是，他开始关注“普洱币”并购买入手该虚拟货币。

在火爆的市场行情下，普洱币的价格从0.5元涨到了10元，余先生收益颇丰。同时，在发布会上，普银集团公司承诺将投资人持有的“普洱币”通过两次拆分（一拆十），使投资人持有的普银币扩大100倍，并宣称补充100亿元的藏茶作为支撑，如此振奋人心的承诺让余先生愈加坚定了投资信念。

但没过多久，余先生开始发现情况不对，普银公司做出的承诺并没有兑现，该公司反而在不断套现，“普洱币”的价格持续走低，自己手中的“普银币”变得毫无价值，发觉自己可能是被骗了。

10. 众筹拍电影

去年4月，彭先生在一个公众号看到一篇关于“众筹拍电影”的文章，声称可以保证百分百分红。文章中还说到，目前电影市场火爆，票房动辄过亿元，以前错过了买房买车，现在千万不要错过影视投资。彭先生感觉这篇文章说的很有道理，于是就添加这个自称是上海海帝影视传媒有限公司的某工作人员为好友，开始询问投资事宜。

在交谈中，影视公司工作人员向彭先生保证每天都有投资金额百分之一点多的分红，百分之百赚钱。对于对方保证的每天1%的分红，三个月就可以翻倍了，这让彭先生有些心动。于是，抱着试一试的心态，彭先生投资了几千元，影视公司工作人员也为彭先生开设了一个账户，账户上的收入也的确每天都在增加。彭先生看着每天账户里的钱在涨，自己也能轻松提现，便逐渐放松了警惕。

随后，彭先生将自己的房子卖了并向朋友借了15万元，陆续将自己全部身家60万元都投了进去。然而，这一次彭先生没有收到预期的分红，影视公司工作人员也联系不上了。

彭先生觉得情况不对，于是去银行查询自己的转账记录，发现自己的资金是转给了一个电子科技公司，而不是对方声称的上海海帝影视传媒有限公司。事已至此，彭先生才发觉自己上当受骗了。

二、骗术解析

网络投资诈骗是人均损失最为严重的网络诈骗之一，它利用受害人的逐利心理，以“高回报、低风险”为噱头，通过收取“会费”、升级软件、咨询费、引诱投资等方式骗取受害人的巨额财产。

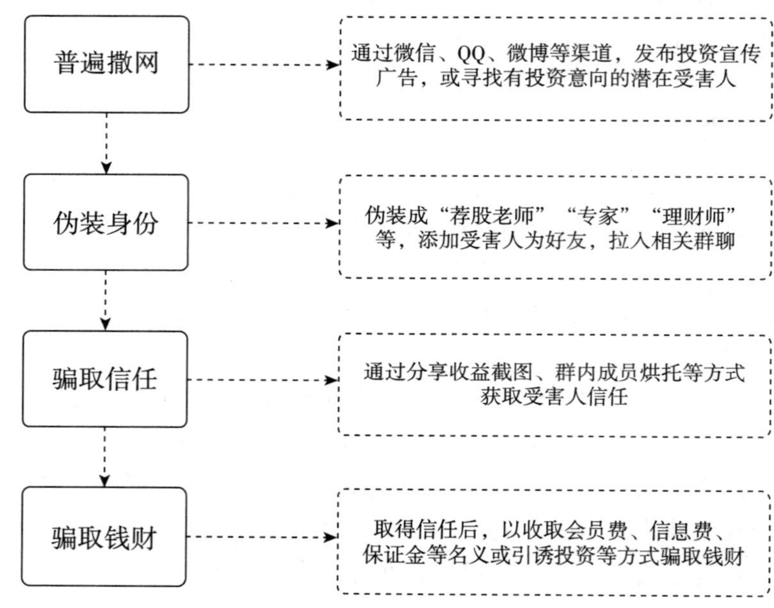

图 5　网络投资诈骗套路图

在网络投资诈骗中，骗子的诈骗套路一般分为以下几个步骤：

第一步：普遍撒网

为了实施诈骗，骗子通常会先在网上寻找潜在受害人。比如，在与投资相关的微博、贴吧、论坛以及直播平台等网络空间广泛发帖、留言，甚至与网友互动，分享自己投资成功赚取大额收益的故事；或是宣传低投入、高收益的投资项目，激发投资人的兴趣。此外，部分骗子还通过其他途径获得投资人的个人资料，用“理财师”“客服”身份包装自己，通过拨打电话、发送短信、添加 QQ 或微信好友的方式与投资人交谈。

第二步：伪装身份

伪装身份是诈骗进一步展开的流程，是骗子实施诈骗的必要条件。骗子通常会为自己编造“荐股老师”“理财师”“专家”等身份，为投资人介绍低投入、高回报的投资项目，展现投资团队实力。比如，骗子经常在QQ、微信、微博等社交软件中分享投资收益截图或指导团队成员交易的聊天记录，营造其投资眼光独到，实力强劲的假象。有的骗子还会在朋友圈、QQ空间里晒豪宅、豪车以及各种旅行照片，用这些照片与其投资收益高相烘托，增强迷惑性。

第三步：培养信任

培养信任是整个诈骗过程中至关重要的一步，是决定着骗子能否行骗成功的关键所在。在投资人表现出想要参与投资的意愿之后，骗子会按照事先设定好的诈骗剧本为投资人推荐投资项目，声称可通过多种方式让投资人在投资项目中获利，并与投资人保持频繁交流。通过聊天、套近乎等方式来判断投资人是否完全放下戒备心理。而持续性获利也会麻痹投资人，使其逐渐放下戒备心理，给骗子以可乘之机。

第四步：骗取钱财

获取投资人的信任后，意味着诈骗已经完成了一大半，此时骗子会适时采取其他手段骗取投资人钱财。通常来说，在不同的网络投资诈骗类型中，骗子找的借口或使用的方法各不相同。在初级套路中，收取“会费”“升级软件”“信息费”“咨询费”是最为常见的诈骗套路。而在影视投资诈骗中，在骗取受害人信任后，有的骗子甚至不会编造任何借口，仅仅利用投资人趋利心理，让其自行追加投资金额。在其余类型的投资诈骗中，骗子往往会编造“有一个高收益项目”的谎言或给投资人许以承诺等方式引诱投资人在指定平台上加大投资额度，直至行骗成功。

三、防范建议

作为一种涉众型的违法犯罪活动，网络投资诈骗花样翻新快、欺骗性大、可复制性高，给众多受害人造成了严重经济损失。要做到有效识别网络投资诈骗，防止自身中招受骗，笔者建议从以下几个方面着手：

一是看业务资质。

在网络投资诈骗中，骗子大多以“分析师”“理财师”以及证券公司业务人员等身份自居，从言谈上看，他们具有一定的专业知识，与正规从业人员无异。有投资需求的人群与此类人员交流投资业务的时候，应当注意核实他们的从业资质或身份证明，防止骗子以假乱真。对于出示了从业资质或身份证明的业务人员，应当登录中国证监会网站或中国证券业协会和中国期货业协会网站进行查询。

二是看营销方式。

骗子能够成功诈骗，通常是利用了受害人“一夜暴富”或急于扭亏的心理，较多采用夸张、煽动或吸引眼球的宣传用语，往往自称“老师”“股神”“专家”等。而正规合法的金融机构在宣传推介时，通常采取谨慎用语，不会夸大宣传、虚假宣传，业务人员在推荐投资项目时也会时常提醒投资人投资有风险。故而，投资人对于以“跟买即涨停”“推荐黑马”“提供内幕信息”“包赚不赔”“低投入高收益”等为宣传语的业务人员应当保持足够的警惕，时刻提醒自己保持理性。

三是看汇款账号。

在诈骗中，骗子提供给受害人的转账账户通常是与其谎称的机构不一致的法人账户，甚至是个人账户，而正规金融公司只能以公司名义来开展业务，其银行账户也一定与公司名称一致。因此，投资人在转账的时候应当注意汇款账号，如若出现个人账户或非本机构账户，则需要警惕对方是诈骗团伙。

四是看互联网网址。

骗子搭建的非法网站一般是由无规律、无意义的字母和数字构成，或者是在合法金融公司的网址基础上替换或更改字母数字。在投资时，投资人可通过中国证监会网站或中国证券业协会、中国期货业协会网站，查看合法证券期货经营机构的网址，以免陷入陷阱，蒙受损失。

第六章　冒充公检法诈骗

冒充公检法诈骗是指诈骗分子通过冒充公安机关、检察院、法院等国家执法、司法机关工作人员与受害人取得联系，声称受害人的身份被冒用或涉嫌各类犯罪，要求配合调查，进而诱骗受害人将钱财转到嫌疑人提供的账户的骗局。此类诈骗中，骗子利用公检法机关的权威和公信力，以及人们趋利避害、急于自证清白的心理，对一些不甚了解公检法办案流程和方式的受害人杀伤力巨大，一旦上当，就会按照骗子的指挥进行转款，往往会造成数额巨大的财产损失。

一、以案说骗

1. 电话欠费

去年10月底的一天，张伯伯接到一个电话，对方自称是广西某市通信管理局的“王主任”。“王主任”告诉张伯伯别人用他的身份证在广西某市的移动公司办理了一张电话卡，现在已经欠费2000多元，让张伯伯帮忙报案。紧接着，通话被转接给了广西当地公安局的“赵队长”。

“赵队长”告张伯伯，盗用其身份信息办理电话卡的主犯叫宋某，他涉嫌非法洗钱，涉案人员多达200余人。宋某还用张伯伯的名字在银行开户存款200多万元，因此公安局要调查张伯伯的银行存款情况。为了配合公安机关的调查工作，张伯伯把自己的工商银行、兴业银行、邮政银行、民生银行的存款信息都发送给了“赵队长”，告知他存款都投到银行理财产品里了，还有两个月到期。之后，“赵队长”又让张伯伯添加“王警官”和“李检察官”的微信。

在接下来的两个月里，张伯伯与“王警官”和“李检察官”一直保持着联系。到了12月底，张伯伯的部分理财钱款到期，“赵队长”就让张伯伯去中国银行开户，先把51万余元转入中国银行的账户，又让张伯伯将存款转入兴业银行，以配合办案调查需要。在以资金审查需要为由获取到了张伯伯的验证码后，将张伯伯银行卡里的50余万元转出。之后“赵队长”又以相同的理由，将张伯伯其他到期的理财钱款转出，前后两次共计80万元。

几天后，张伯伯感觉资金审查应该已经完成了，就要求“赵队长”返还资金。“赵队长”却告知还需转入30万才能完成资金审查任务，完成就返还。此时，张伯伯在儿媳妇的提醒下才发现被骗了。

2. 法院传票

某天中午，家住福州的陈女士接到一个自称是福州市法院工作人员打来的电话，告诉陈女士因她的一张工商银行信用卡涉嫌重大网络诈骗案件，信用卡办理地的武汉法院已对陈女士进行起诉，福州法院将协助调查。

陈女士诧异万分，自己根本就没去过武汉，更别提办什么信用卡，于是就急忙申辩。对方表示可能是有骗子冒充了陈女士的身份信息办了信用卡，并且用这张信用卡诈骗了 99 万元，已经达到特别严重的刑事犯罪标准，如果这不是陈女士所为，要陈女士赶紧将存款都转到其指定的账户接受审查，若核查没有问题，存款将如数归还，否则将对陈女士采取相应强制措施。

听到要转账，陈女士犹豫了。对方见陈女士不大相信，就叫陈女士去找个有传真的地方，要将武汉法院的相关法律文书传给陈女士看，还告诫陈女士不要挂电话，也先不要跟其他人说。陈女士将信将疑，找了个有传真的复印店，接收了对方的法律文书传真。

对方传真了两张复印件过来，一张写有“武汉市人民检察院强制资产冻结执行书”字样，另一张写有“武汉市人民检察院刑事传票”字样，上面不仅有陈女士的身份信息和相片，还详述了陈女士涉嫌从事网络诈骗案件的具体情况。见此，陈女士顿时就慌了，完全相信了对方，马上到仓山区观海路某银行处，以 ATM 机转账的方式，转了 49989 元人民币到对方指定的账户，以接受对方的审查。

转账之后，陈女士一直不敢对家里人坦白，直到晚上 8 时许，才忍不住跟家人说了这件事，家人提醒可能是遭遇诈骗了。于是，陈女士赶紧回拨电话，结果发现是空号，陈女士顿时后悔不已。

3. 邮包藏毒

去年 1 月初，市民王先生接到一个电话，对方自称是邮政局的工作人员，称王先生有一个从广西寄过来的包裹，内藏有毒品，已经被某某市公安局扣留。如果有疑问可以与某某市公安局禁毒支队联系，并提供了一个电话号码。

王先生当即拨通了该号码，对方自称是办案民警，告诉王先生的包裹内有毒品，且里面还有银行卡，怀疑有人冒用王先生的身份犯罪，要求王先生配合调查，并要求及时与银行方面联系。同样的，办案民警也给王先生提供了一个银行的电话。

王先生急忙又致电银行，对方先与王先生确认了身份，然后让其将银行卡内现金转至安全账户进行冻结，等警方案件调查清楚再归还，并告知王先生要对此事保密。

王先生信以为真，为了“自证清白”便将卡内万余元现金转至对方提供的指定账号。一个多小时后，王先生越想越不对劲，惊觉被骗后连忙报警。

4. 非法集资

去年6月的一个上午，魏先生乘坐地铁时接到一个陌生电话，对方自称是苏州市某公安局的民警陈某，告知魏先生与林某涉嫌一起非法集资案件。“陈警官”要求魏先生添加他的QQ号配合调查工作。

魏先生添加了“陈警官”的QQ后，让“陈警官”证明身份，随后“陈警官”向魏先生发送了三张照片，照片内容分别为陈某的警官证、关于林某的非法集资材料以及魏先生的刑事逮捕令、冻结逮捕令，还跟魏先生进行了视频通话要求魏先生配合清查活动。

“陈警官”让魏先生提供所有银行卡的具体信息，向魏先生发送了一个网站，并告诉魏先生进入网站后如何操作。已经相信了对方身份的魏先生在该网站上点击“资金清查”的小窗口，输入了案件编号和银行卡户名、卡号、密码、手机号、身份证号等信息。

操作完网页之后，“陈警官”又让魏先生将支付宝借呗里的19000元提现，从“美团”APP贷款4000元，告知魏先生将这些钱转入银行卡内，三天不要动卡里的资金，便于清查活动的顺利进行，并强调说明此次活动涉密，要求魏先生将短信、通话记录都删除。直到14时30分，魏先生发现银行卡内大部分存款被人转出，方觉自己被骗。

5. 非法刷单

去年12月，张小姐在公寓内接到一通电话，对方自称是北京市公安局的工作人员“李队长”，告知张小姐名下的银行卡涉嫌一起刷单诈骗案件，并准确说出张小姐的个人信息。

随后，“李队长”要求张小姐添加自己的QQ号配合办案工作，并通过QQ向张小姐核对个人信息和银行卡号，张小姐一五一十地全部告诉了对方。“李队长”又向张小姐发送了一个文件，以核实银行流水调查刷单行为为由，让张小姐下载其中的一个远程软件。

等张小姐下载好软件后，“李队长”让张小姐将银行流水发到软件系统里进行核实，张小姐按照要求上传了自己的银行流水。“李队长”说根据系统的核查显示张小姐的银行卡存在非法刷单，并告知事情的严重性，这令张小姐十分害怕。

紧接着，“李队长”告诉张小姐按照侦查程序，警方会将其银行卡冻结进一步查实情况，让张小姐提供密码、验证码等信息，将资金暂时转入警方账户保管。张小姐按照对方的要求，提供了银行卡账户和密码，“李队长”说需要时间调查，让张小姐等结果。几天后，张小姐依然没有得到回复，发觉自己被骗。

6. 非法出入境

陈小姐在某港务集团上班，一天接到一个来自北京的电话，对方自称是北京市公安局户政科工作人员，告知陈小姐涉嫌一起非法入境案件，让陈小姐联系沈阳市公安局，随后将电话转接给了沈阳市公安局的“吴科长”。

“吴科长”告诉陈小姐，经过侦查发现，她的银行流水中有涉及当地一起非法入境案件的款项，可能涉嫌相关犯罪。陈小姐急忙辩解，向对方询问解决对策。“吴科长”告诉陈小姐需要对银行账户等信息进行调查，才能排除她的犯罪嫌疑，要求陈小姐按照步骤配合调查。

随后，陈小姐就按照“吴科长”的指示，将手机设置成拦截模式，又用浏览器打开“吴科长”提供的域名，在网页上输入了“吴科长”提供的案件编号，以及农行卡号、密码、身份证号、手机号等信息。输入完成后，浏览器自动弹出了陈小姐的个人信息和照片，这让陈小姐对“吴科长”讲述的事实深信不疑，内心十分慌张。

“吴科长”安慰陈小姐，告诉她只要能查明银行明细就能够洗清自身嫌疑，接着“吴科长”以办案为由与陈小姐共享手机屏幕，要求陈小姐将所有资金转入农行卡内。陈小姐按照要求，将7万余元集中转入了农行卡内。

之后，“吴科长”称查银行流水需要时间，要求陈小姐短期内不要动农行卡里的资金。几天后，陈小姐发现农行卡内的存款被转走，“吴科长”也联系不上，才意识到自己上当受骗了。

7. 信用卡逾期

一日，家辉接到一个陌生电话，对方称是光大银行的客服，并核实了家辉的基本信息，包括姓名、身份证号、银行卡号等。由于对方准确地说出了自己的身份证号码，所以家辉相信了对方的身份。

客服称家辉有一张信用卡欠费逾期很久了，需要尽快还款。家辉说自己并没有办理该信用卡，客服再次核对了他的信息，核对无误后说：“你确实办了一张信用卡，是在北京市朝阳区办理的，而且欠了12000元人民币。”家辉告诉客服自己从未去过北京，自己肯定没有办过这张卡。客服随即提醒家辉，可能有人盗取了他的身份信息办理了银行卡，建议他报警，并说可以帮忙把电话转接到北京市公安局朝阳分局。电话转接后，有一名自称是北京市公安局朝阳分局的“李警官”接了电话，并报上了自己的警号。在听完家辉的讲述后，“李警官”记下了家辉的联系电话，说查询完相关情况后，会尽快跟家辉联系。

过了几分钟，“李警官”给家辉打来电话，称经过调查发现家辉涉嫌一起重大案件。原因是这起案件中的涉案资金是通过家辉名下的多张银行卡转移的，现在家辉已经变成了犯罪嫌疑人。“李警官”还让家辉加了他的QQ号码，通过QQ发了一张中华人民共和国北京市人民检察院的刑事逮捕证照片给家辉。看到自己的逮捕证照片，家辉彻底慌了。紧接着，“李警官”对家辉说：“虽然可能是你的信息被盗用，但是因为涉及案件资金问题，已经有了逮捕令，我们可以随时逮捕你。你要配合调查，不然立马抓捕你。”受到惊吓的家辉马上表示完全配合调查。

随后，“李警官”问家辉有哪些银行卡，需要调查其资金，以证明的家辉清白，并要求其提供一下所有的银行卡号和密码。于是家辉将银行卡号和密码都告诉了李警官。“李警官”还告诉家辉，千万要保密，要不然就有随时被抓捕的风险。

到了晚上九点，家辉觉得不太对劲，再去查看自己的账户，发现账户里的钱都没有了。

8. 医保申报违法

小英接到了一个陌生电话，来电人自称是社保局的工作人员王某，工作证号是087568，并称小英在北京违法申报了一笔医疗保险，如果小英不去处理，就会将其医保、社保、农合等终身拉黑，不能再享受任何国家优惠政策。

小英接到电话一头雾水，想自己一直没有去过北京，为什么会出现这样的情况，所以如实告知王某自己没有申报过该笔医疗保险。王某提示是否存在他人冒用申报的情况，并主动提出可以帮助小英进行报案，声称之后会把电话转接到北京市公安局。转接后，一个自称北京市公安局“王警官”的人与小英通话。

“王警官”向小英说了自己的警号，小英将刚才的经过告知了“王警察”。“王警官”听后，称因为存在违法犯罪嫌疑，所以要先冻结小英的银行账户以便进行进一步调查，如果资金审查没有问题，小英的嫌疑自然也就解除了。随后，

“王警官”要求小英加其QQ，教给她如何具体操作。

“王警官”先是通过QQ给小英给了发了一份“强制性冻结执行书”的图片，上面有公安局的红印章。小英看到盖章的文书更加不知所措。然后“王警官”又发过来一个网站，让小英进入网站操作。小英先是进入一个“犯罪通缉追查系统”，填写了本人信息，然后界面就跳转到一个金融系统，小英又填写了银行卡号、密码、身份证号码和手机号。

“王警官”称为了更全面地对小英的资产进行清查，让其将银行卡绑定支付宝。“王警官”给小英发了一串符号让其给“95599”发送短信，小英发送之后，就收到了“95599”返回的六位数的验证码，“王警官”让其把验证码发给他，短信发过去之后，“王警官”告诉小英不能查看短信，直接删除短信，只要按照所说的操作，最快今天就可以结案。小英害怕自己会有牢狱之灾，急于证明自己的清白，就一直按照“王警官”的指引进行操作。

小英挂断电话之后逐渐冷静，发现银行卡账户里的钱被转走了，才知自己是被骗了。

9. 营业执照异常

何小姐在厦门某市场做批发生意。去年11月的一天，何小姐收到“市场监督管理局”发来的一条短信，短信内容为，“您的营业执照显示状态异常，请于11月20日前进入rebon. cc完成更新，否则将被列入异常名录并向社会公示，受到相关部门惩戒”。何小姐认为是垃圾短信就没有理会。

之后的几天，何小姐又陆续收到了几条关于营业执照异常的手机短信，她询问其他商户，听说确有这种情况存在。于是何小姐就信以为真，认为真的是市场监督管理局催她办理业务，就回复了该短信准备去市场监督管理局询问相关业务。

回复短信的当天下午，何小姐接到一个电话，对方自称是公安局经侦大队的“林队长”，称市场监督管理局已向警方报告了何小姐的情况。“林队长”告诉何小姐，营业执照即将过期，无照营业将涉嫌违法犯罪，让何小姐在一天之内办好业务。但当天正值周末，市场监督管理局不上班，“林队长”建议何小姐可以通过短信里的链接快速办理业务。

于是何小姐就按照“林队长”的指示点击链接进入了一个页面，并填写了店面的营业执照编号、手机号、交通银行卡卡号，还输入了银行卡密码。不久后，何小姐收到了银行扣款的短信，何小姐这才意识到自己被骗了。

二、骗术解析

冒充公检法诈骗，是近年来发案较多的一类诈骗犯罪。骗子利用公检法单位的权威，向人民群众实施诈骗。这种诈骗犯罪不仅侵犯了公民的财产权益，还严重损害了公检法单位的权威形象，社会危害性极大。

在冒充公检法诈骗中，骗子的诈骗套路一般分为以下几个步骤：

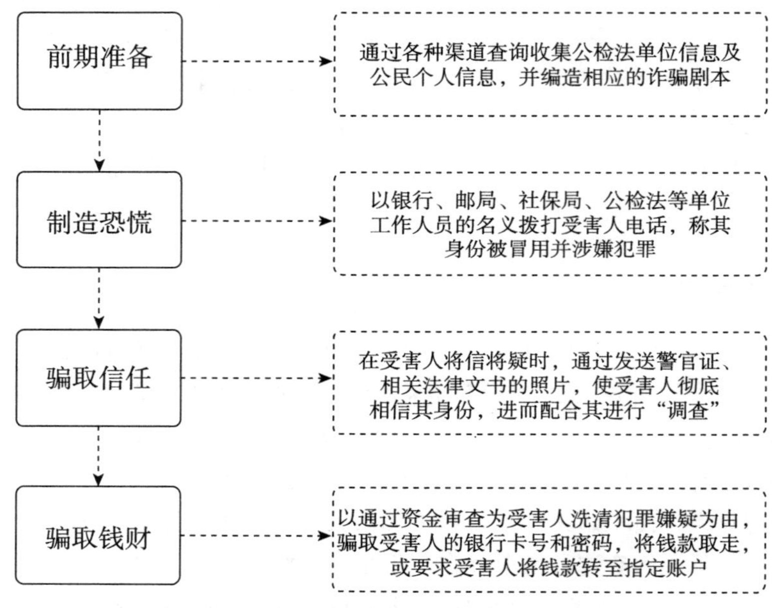

图 6　冒充公检法诈骗流程图

第一步：前期准备

前期准备，主要是收集信息，编造剧本。首先，骗子会通过线上线下的方式，收集公检法单位的信息，包括办公室电话、地址，以及一些相关文件的格式；其次，通过非法渠道购买或者盗取公民个人信息，包括公民的电话、身份证号、家庭住址、银行卡、医保卡等个人信息资料。然后结合上述信息，编造诈骗剧本，主要是如何获取受害人信任，如何让受害人转移钱款，如何应对受害人的一些提问等。

第二步：制造恐慌

骗子会以信用卡欠费、医保卡异常、涉嫌洗钱等理由为名义，通过电话、QQ、微信等方式，冒充相关单位或者公检法单位工作人员主动联系受害人，称其身份被冒用并涉嫌犯罪，引起受害人的恐慌，以便下一步利用受害人急于自证清白的心理实施诈骗。

第三步：骗取信任

这个阶段中，骗子会通过某种方式让受害人相信其身份，以及涉嫌犯罪情况的真实性。比如，骗子会发送自己的相关证件，从而让受害人坚信自己是政府或者公检法单位的工作人员；会发送相关的法律文书，如财产冻结文书、带有受害人照片和身份信息的文书等。

第四步：骗取财物

骗子在取得受害人信任之后，会以进行资金审查帮助受害人洗清犯罪嫌疑为由，要求受害人将钱款转移到指定账户，并让受害人在虚假网站上填写银行卡卡号、密码，再把钱款转移走；或者直接要求受害人将钱款转移到骗子提供的“安全账户”。

三、防范建议

冒充公检法诈骗的涉案金额往往比较大，会给受害人带来重大损失。为了有效识别此类犯罪，防止中招，笔者建议从以下几个方面入手：

一是收到信息别慌张，官方核实确真伪。

遇有电话、短信声称信用卡欠费、电话欠费、邮包藏毒等情况的，切勿轻信！应通过银行、邮局、社保局等单位的官方电话进行核实。遇有声称可将电话转接至公安机关的，可直接确定为诈骗，因为公检法单位不会通过电话来办案，也没有与银行、邮局等单位建立电话直接转接的工作机制，更不会在电话中向被调查对象透露案情。

二是向 110 或亲戚朋友求助。

遇到此类情况，不能判断真伪时，应直接到公安机关或拨打 110 求助，以免陷入骗局。紧急情况下，也可通过微信、短信、电话等方式向亲友求助，切勿听从他人“严守秘密”的要求。

三是坚决不转账。

无论何种情况，都不应按照他人要求进行转账操作。公安机关没有所谓“安全账户”，也不会在电话中要求被调查对象进行资金转移和资金审查。

四是一时糊涂快报警、速冻结、留证据。

在已经转移钱财的情况下，受害人应该及时拨打 110 电话进行报警，并向警方提供涉案的银行账户，按照警方的指示及时保存相关证据，从而最大程度挽回损失，为公安机关侦破案件、打击犯罪提供支持。

第七章　冒充其他官方人员诈骗

本章所指"其他官方人员"，是指公检法机关工作人员之外的其他政府部门工作人员以及正规单位、企业的工作人员。冒充其他官方人员诈骗与假冒公检法诈骗的话术多有相似之处，区别在于冒充的人员身份不同，借助的理由也不同，相同的是骗子都利用了人们对"官方人员"的信任感。

一、以案说骗

1. 车管所

一日，小王收到了以“山东车管所”名义发来的短信，提示她的车辆六年免检到期，需要审车。并提示她可微信搜索关注“车辆快速年检”公众号进行在线年审，车辆年检标可邮寄到家。小王想起自己的车辆确实很久未审，或许是真到了审车周期。于是，小王根据短信上的内容，搜索并关注了“车辆快速年检”公众号。

根据操作提示，小王在公众号上填写了自己的姓名，之后这个微信账号立刻给她自动回复了一条内容为“官方网站线上年审”并带有网址链接的信息。进入链接，被要求填写车主姓名、身份证号、车牌号等信息。小王填写完这些信息后，该网页自动跳转到中国银联付款页面，页面上显示“缴费年审 200 元”的字样。页面提示用户需要添加储蓄卡或信用卡支付，小王便逐项将自己的建设银行卡卡号、密码输入，页面随即弹出“缴费成功”字样。但没过多久，小王便收到自己建行卡被扣款 3500 元的短信通知，发现自己的银行卡被盗刷，于是连忙去派出所报案。

2. 教育局

某年 6 月的一个下午，一名考生的母亲李岚接到一个来自“教育局”的电话。电话中的男子说着一口标准的普通话，自称是负责她儿子助学金申领事宜的教育局工作人员，并把她的家庭住址、她儿子的身份证号都准确无误地报了出来。刚开始，李岚还有些警惕，可想到对方对自己家里的情况如此了解，应该没什么问题。并且，之前也听说了教育局每年都会为高考考生发放助学金的事情，就放松了警惕。

紧接着，对方要求她打电话给管理助学金项目的王主任，领取助学金。李岚随即拨打了“王主任”的电话。“王主任”说：“你拿一张银行卡去附近的 ATM 机上，按我的指示操作，我这就给你把 688 元助学金打过来。”李岚来到家附近的农业银行 ATM 机旁，按照“王主任”的一步步指示，输入了申请编码“34971”。拿到 ATM 机打印的凭证后，李岚傻了，一通操作下来，助学金没有到账，账户里 34971 元全部转入了对方账号。所谓的申请编码，竟是转账的数额。此时，李岚才知道自己上当了。

3. 县领导

去年 9 月的一天，天堂县一个企业的负责人刘先生突然收到一条添加微信好友的信息。打开一看，对方的微信头像竟然是本县县长的照片，昵称也是县长的名字。“县长”突然加自己的微信，让刘先生很惊奇，同时也将信将疑。添加好友后，打开“县长”的朋友圈，里面全是关于本县的新闻动态，刘先生就没有再多怀疑。

“县长”在微信中说，县里决定由各位县领导分包各个县里面有发展前景的小企业，扶植小企业成为大企业，助推县域经济发展。刘先生的企业正好分给了“县长”。听到这一消息，刘先生很是开心，感谢之余，表示找机会要当面向县长汇报。“县长”回复说，最近几天比较忙，有事情先在微信上联系。

过了两天，“县长”突然联系刘先生，称有急事需要请他帮忙。“县长”称，他有个朋友急需用钱，因他自己不方便出面，他想转 48 万元到刘先生的账户，再让刘先生把钱转给其朋友。很快，“镇长”发来了转账截图。截图中显示，转账金额为 48 万元，可是受理方式一栏却写着：24 小时内到账。刘先生看到汇款截图发了愁，钱没到账，自己还要给对方转几十万元，心里有些忐忑，恰好此时遇到进企业宣传反诈的民警。向民警询问后得知，这果然是一个骗局。

4. 武警部队

涛涛的亲戚王伟是酒店的老板。一日，酒店的前台接到一名自称是“刘强”的人打来的电话，说要预定会议室、房间、聚餐的地方，并且说会议期间需要高档红酒。王伟听酒店前台讲后，想起涛涛的公司有出售红酒，于是把刘强的联系方式发给了涛涛。涛涛打电话给刘强，刘强称自己是武警部队人员，不方便加微信联系，并提出每瓶酒他要收 200 元的回扣，并说自己以后会给涛涛介绍生意。

涛涛想着是王伟介绍的生意，没有多想，就通过彩信给对方发了 3 款高档红酒的图片。刘强随即回电，选择了其中一款酒。并称自己负责武警部队的采购，不仅需要红酒招待领导，还需要 50 箱的军用物资罐头，指定要肥肥牌红烧牛肉罐头。涛涛跟对方说自己公司没有出售罐头业务。刘强称他可以向其推荐一个他们以前的供应商鹏飞，之前是因为鹏飞未做好保密工作，他们的合作关系不得不断了，涛涛去他那里进货再转手可以大赚一笔，算是和涛涛交个朋友。然后他就把鹏飞的电话发了过来。

紧接着，涛涛打电话给鹏飞，问其有没有50箱的红烧牛肉罐头，鹏飞说有，于是涛涛加了鹏飞的微信继续联系。鹏飞自称是罐头世家，一直为多家单位提供罐头服务。涛涛随后向鹏飞定了50箱的红烧牛肉罐头，并给鹏飞财务总监账户打去定金28000元。订完罐头，涛涛和刘强进行联系，刘强称下午六点会来结账款，并考查一下涛涛的公司，谈一下长期合作的情况。但是直到下午七点，刘强也没来涛涛公司，涛涛分别打电话给刘强和鹏飞，结果都是关机。发微信询问鹏飞，发现微信已经被拉黑，才知道自己被骗了。

5. 保险公司

去年6月下旬的一天，琪琪在外出游玩时开着朋友的汽车发生了追尾事故，当时便报了保险进行定损，现场定损完之后，琪琪便开车走了。过了两天，有一个自称是亚太保险的工作人员添加了琪琪的微信。亚太保险工作人员跟琪琪说因汽车追尾的事情，需要琪琪先垫付10700元的维修费，45天之后等保险理赔后会自动退款给琪琪。

琪琪见对方准确地报出了出险有关信息，就没有怀疑对方的身份，想着先尽快把朋友的车修好，就通过微信转账给了这个保险公司工作人员10700元。一个月之后，琪琪询问什么时候能退款，这名保险工作人员称退还维修费需要缴纳3210元的保证金，之后才能办理退款。因为想着早点退回来维修款，琪琪就又给对方转了账。转账之后，琪琪就天天催垫付的维修费和保证金，对方亚太保险的工作人员一直拖延。琪琪感觉不对劲，就打电话给亚太保险的客服核实情况。结果得知亚太保险公司根本没有这个工作人员，这才意识到自己被骗了。

6. ETC 公司

小路在家准备出门的时候，收到一条“ETC 公司”发来的短信。短信上说小路的 ETC 速通卡认证失效，让其及时更新验证，并提供了一个网址。因为当时小路的 ETC 恰巧出了点问题，小路没有多想，直接点击访问了短信里面的网址，并在里面填写了个人信息和银行卡信息。之后，系统提示需要提供手机验证码，小路就将银行发给他的验证码填写上去了。但是，系统却提示没有认证成功，需要重新认证。于是小路就再次将验证码填写了上去。后面，小路陆续收到了六笔银行卡扣款信息，才发觉被骗了。

7. 京东商家

一日，彭彭下班之后接到了一个自称是京东商家的电话。对方说彭彭曾经在他们店铺购买过一台洗衣机，京东工作人员在录入信息的时候把她错录成了代理商，之后彭彭的银行卡每个月会被扣除 700 多元的代理费，问其是否需要修改代理商身份信息。

彭彭在不久前确实在京东上购买过一台洗衣机，所以没有疑虑，直接回复要求其进行修改。之后，电话就被转接到自称是中国银行的员工那里。这名银行员工告诉彭彭，需要认证她的资金才能修改代理商身份。要求她把资金转到指定的一个银联网上，然后会再退回给她，按照操作完成后即可完成认证。认证后会发一份电子回执到其支付宝，并称通过电子回执能取消代理商的身份。

想到会有回执返回，彭彭感觉还是很正规的，就按照对方的提示进行操作。对方先让彭彭转账 400 元，随即就返回给了她。告知彭彭已经验证完了一部分，需要继续验证剩下的金额。对方又要求转账 2000 元，彭彭就给对方转了 2000 元。对方收到 2000 元后，没有像上次那样马上转回，反而称支付宝中余额宝的金额已经验证完毕，现需要验证支付宝借呗花呗里面的金额，让彭彭继续转钱验证，于是彭彭又给对方转账 4600 元人民币。但是对方之后没有再将钱转回给她，彭彭回拨之前京东商家和银行的电话，发现都已关机，才知道自己是被骗了。

8. 淘宝客服

成成是一个淘宝店主。一日，成成正在采购自己淘宝店的销售商品时，收到一条信息，称店铺销售的商品有违反市场管理条例的情况，需要进行处理，上面附有一个链接。成成担心自己的店铺经营受到影响，就急忙点了进去。

打开链接后，里面有一条提示其店铺没有激活并且店铺没有升级的信息。如果超时没有升级的话，就会清退其店铺，旁边还附了一个微信二维码。成成扫描这个二维码后，页面就转到了一个聊天平台。对方自称是淘宝客服，说成成的店铺是新店，没有开通假一赔三的服务，所以需要成成开通这个服务才能继续经营店铺。随后，对方发送了一个支付宝二维码给成成，要成成扫描二维码支付 500 元开通服务。成成支付 500 元之后，对方称店铺升级也需要交钱，成成又支付了 600 元。此时，成成问对方后面怎么处理，结果对方就直接关闭了聊天界面，再也联系不上了，成成才发现自己被骗了。

二、骗术解析

冒充其他官方人员诈骗与假冒公检法诈骗流程几乎相同，主要分为以下几步：

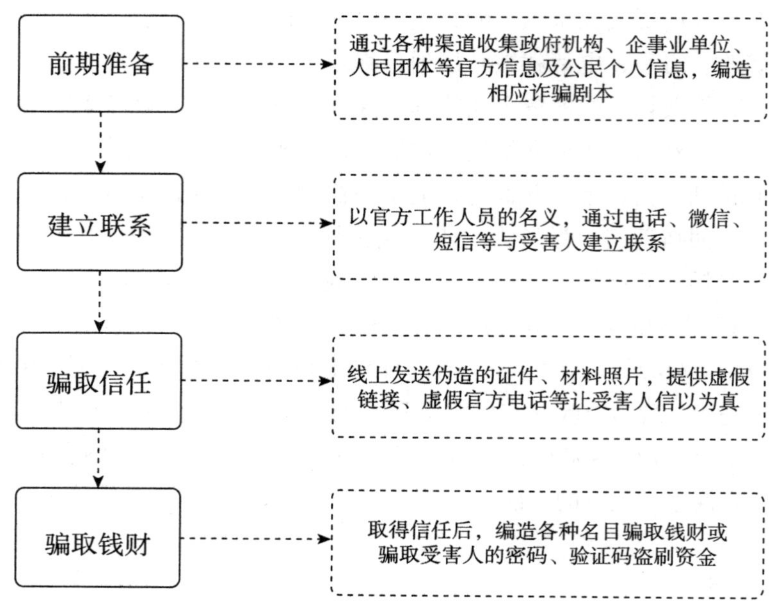

图 7　冒充其他官方人员诈骗流程图

第一步：前期准备

在前期准备中，骗子首先会伪造相关部门的证明文件及材料，收集其所要冒充的相关部门信息，包括办公室电话、地址等；其次是通过非法渠道获取公民个人信息，包括公民的电话、身份证号、家庭住址、银行卡、医保卡等个人信息资料。然后结合上述信息，编造冒充官方内部工作人员的诈骗剧本，让受害人相信其诈骗话术的真实性。

第二步：建立联系

骗子会伪装身份，冒充政府部门、企事业单位、人民团体等的工作人员，以各种名义，采用电话联系的方式主动联系受害人，或通过微信、短信等其他途径联系受害人。

第三步：骗取信任

这个阶段大多是骗子让受害人通过某些方式，相信其身份的真实性。比如，通过线上发送伪造的相关证件照片，从而让受害人相信自己是官方内部工作人员；再如，骗子会制作一些假的官方文件，或虚假官方网站，然后将相关链接发送给受害人，从而让受害人进入相关链接查询与自己相关信息的文件。骗子的这一系列操作就是为了获取受害人的信任，让受害人以为这些都是真实的，从而为后续骗取钱财奠定基础。

第四步：骗取财物

骗子在获取受害人的信任后，会指引受害人填写个人信息、银行账号、验证码等相关信息，进而盗刷受害人银行账户资金；或者要求受害人向指定账户进行转账、汇款等操作，缴纳各项费用，骗取受害人钱财。

三、防范建议

在现代社会，政府各部门由管理者向服务者转变，犯罪分子利用政府部门、企事业单位、人民团体等官方公众形象进行诈骗的案件长期居高不下。为了有效识别此类诈骗手法，防止中招，笔者建议从以下几个方面入手：

一是收到信息通过官方渠道核实真伪。

在接到这些信息时，不要直接通过对方发送的联系方式核实相关信息，一定要选择官方渠道核实相关内容，以免落入骗子提前设置好的陷阱。

二是切勿相信天上掉馅饼。

常见单位，如社保局、教育局、民政局等，与民众日常生活联系密切。骗子也往往会以这些单位作为政府部门的名义，以给受害人发放社会救助款、医疗报销、教育补贴等为由，让受害人交纳手续费等费用，有时甚至会诱骗受害人去ATM机上进行相关操作，骗取钱财。遇到这些情况，切勿相信天上掉馅饼，要及时查询拨打这些单位的官方电话进行核实；必要时，应亲自前往当地相关部门进行询问，防止上当受骗。

三是注意保护个人信息。

在冒充官方内部人员的诈骗犯罪中，骗子进行诈骗活动之前，会通过各种渠道获取公民个人信息，这些信息有时极具真实性，为骗子选择作案对象提供了便利条件。例如，通过信用卡消费信息或医保卡的使用信息可以判断持有人的消费能力及患病状况。除了相关单位、部门和企业应加强对公民信息的保护之外，我们个人也应加强个人信息保护的意识，不轻易留存或透露个人信息，不随手丢弃具有个人信息的文件，账户密码和银行验证码更不能随意告诉任何人。

第八章　冒充熟人诈骗

冒充熟人诈骗是电信网络诈骗产生以来，一直都存在的诈骗类型。随着移动通信技术的发展和智能手机的普及，通过电话、即时通信软件等进行联络已经成为人们的日常生活方式。手机中的一个个手机号码、微信账户，也代表着一个个亲戚、朋友、合作伙伴等“熟人”。骗子也正是利用了这一点，采取各种方法通过冒充熟人的电话、即时通信账户等实施诈骗。

一、以案说骗

1. 猜猜我是谁

个体户小李自营一家商店。某日，手机上突然打进一个以 155 开头的本地电话，小李心想本地电话，有可能是快递或者客户，也可能是亲戚或者朋友来电，于是便接通了电话。

电话刚接通，对方便说，“怎么样，近来生意可好?”小李连忙答道，“还好，还好”。此时，小李心中还是不确定来电人的真实身份，便询问对方是谁。对方称，“你连我的声音都听不出来吗？你猜猜我是谁啊?”小李感觉声音像烟草局高经理，便询问对方是不是烟草局高经理，对方回答“是”，并让小李第二天下午到他办公室，谈一下香烟销售情况，然后挂断了电话。

第二天上午，小李又接到了这个 155 开头的电话。接通后，“高经理”说他有事求领导帮忙，需要给领导送礼，但是他自己又不方便给领导转账，便想通过小李把钱转给领导，并向小李提供了一个领导的账号。“高经理”表示在小李到他办公室之后，会给小李现金。小李心想这么个小忙如果不帮，感觉过意不去，而且下午就可以去其办公室取现金，便按照“高经理”的要求，通过网银向其提供的银行卡分四次共汇入 4 万元。

当天下午，小李来到高经理办公室，和高经理谈及此事，高经理却表示，自己并没有使用 155 开头的电话号码，也从没有让他汇款，小李这才发现被骗了。

2. 换号请惠存

毛某手机收到一条以 185 开头的电话号码发来的短信，短信内容是“毛某，这是我的新号，请惠存，收到回复，张某某”。毛某一看是自己老板的名字，没有怀疑，就回复了“收到，张总，号码已更新”。

过了几天，毛某又收到老板“张某某”发来的短信，询问毛某“在忙吗?有件私事需要你帮忙一下。”毛某表示可以后，“张某某”发短信称，“有笔 20 万元的款，不方便以我的名义转给我朋友，我想先转到你的账上，你再帮忙转出去。”接着“张某某”又发来一条短信，表示现在不方便接听电话，短信沟通就行。毛某心想，老板把钱转给我，又不是要我给他转账，也就没怎么怀疑，便把自己的银行账号发给了老板。

没过多久，毛某就收到了“老板”发来的转账凭证照片以及需要其帮忙汇款的账户。毛某查了下自己的账户，收款却并未到账，便发短信询问老板。老板回复说，刚刚跨行转账，没有勾选实时到账，需要等一下才能到账，并称对方急用钱，希望毛某能先转过去。毛某心想跨行转账有时间差，且有转账凭证，也就没犹豫。便从自己另外的账户上转了 20 万元到“张某某”提供的账户上。

不一会儿，“张某某”又发来短信称要签合同，让毛某再转 28 万元到之前那个账户。老板有指示，毛某也就没有犹豫，很快就把钱转了出去，可是自己银行卡迟迟没有收到“老板”给自己的转账。毛某有些着急，便拨通电话联系“老板”，才发现电话早已关机。当面跟老板张某某核实后，毛某发现自己被骗了。

3. 侄女

去年 10 月的一天，刘女士在家中休息时，手机弹出一条 QQ 消息，内容是“我一个朋友正在医院急用钱，但是我的银行卡和微信没有绑定，没法把钱及时转给他，你能不能发个银行账号给我？我用网银转 1500 元到你卡上，然后你加我朋友微信，把钱转给他。谢谢！”发送人是她的侄女小静。

收到侄女发来的求助消息，刘女士起初还很怀疑，想到通过 QQ 视频确认对方身份，但是对方称自己在网吧没法视频交流。紧接着，对方发来了一张和朋友的合影，刘女士看到照片上确实是自己的侄女，也就选择了相信对方。

在“小静”的不断催促下，刘女士没再多做确认，就将 1500 元转进了那个陌生微信账号。不到 10 分钟，又收到一条消息，说她朋友还需要 2500 元买药和 3000 元交住院费。紧跟着这条信息而来的，还有一张 2500 元和 3000 元的网银转账截图。刘女士又通过微信给对方转了账，之后发现自己 QQ 账号被拉黑，银行卡上也没有收到钱，才发现自己被骗了。

4. 老师

张某的孩子正在上小学四年级。为了方便沟通，老师建了班级交流群，所有孩子家长和老师都在里面。某日，张某在班级交流群里看到“班主任”发了一则消息，称需要缴纳伙食费、书本费共计 2000 元，并发送了微信收款码。张某心想，之前老师也通过微信群收过费，这次也并没有发现什么异常。同时，群里有一部分家长已经缴费，并在群里回复老师。于是张某便通过微信扫码支付了2000 元费用，也在群里回复了老师。一个多小时之后，班主任老师给张某打来电话说，自己的微信账号被盗，密码被修改，刚刚找回，结果发现有人冒用她的微信在班级交流群里收费。张某这才发现自己被骗了。

5. 老板

小李是一家贸易公司的出纳。某天小李上班时，收到公司总经理朱某的 QQ 消息，说公司需要 200 万元资金周转。小李心想，这事需要请示董事长毛某同意。正在这时，董事长毛某的 QQ 发来消息，说总经理已经请示过他，他已经同意汇出这笔钱，并且还发过来一个姚某的个人银行账户。对于这点，小李并没有怀疑，董事长毛某那种不容置疑的语气，她再熟悉不过了。

随后，小李便通过网银从公司账户上转出了 200 万元至姚某的个人银行账户。一个半小时后，朱经理又发来 QQ 信息，说再将一笔 20 万元的款项汇至周某的个人账户，小李也照办了。

当天下午，朱经理找小李谈公司资金使用情况。李小提起了上午的两笔汇款，朱经理却说毫不知情。向董事长求证后，小李才发现是被骗了。

二、骗术解析

在冒充熟人诈骗中，骗子以手机、QQ、微信为工具进行诈骗。这里的“熟人”不仅包括亲戚、朋友、同学、同事、领导、邻居、老乡、生意伙伴、师生等在内的所有认识、了解、熟悉的人；还包括亲戚的亲戚、朋友的朋友等在内的熟人，也就是通过某种关系确立的不相识的人。该诈骗行为不仅骗取了受害人的财物，也对熟人之间的信任造成严重影响。在实践中，骗子冒充企业老板对财务人员或者员工进行诈骗的资金数额往往较大。

在冒充熟人诈骗中，骗子的诈骗套路一般分为以下几个步骤：

第一步：获取公民个人信息，定制骗术

骗子在实施诈骗活动时，首先通过各种线上、线下的非法渠道，获取公民个人信息。这些信息主要包括手机号码、QQ 和微信账号，以及与其持有人的姓名、职业相关的信息。然后对这些信息进行筛选，根据不同对象，编造不同的诈骗剧本，并做好诈骗前的准备。

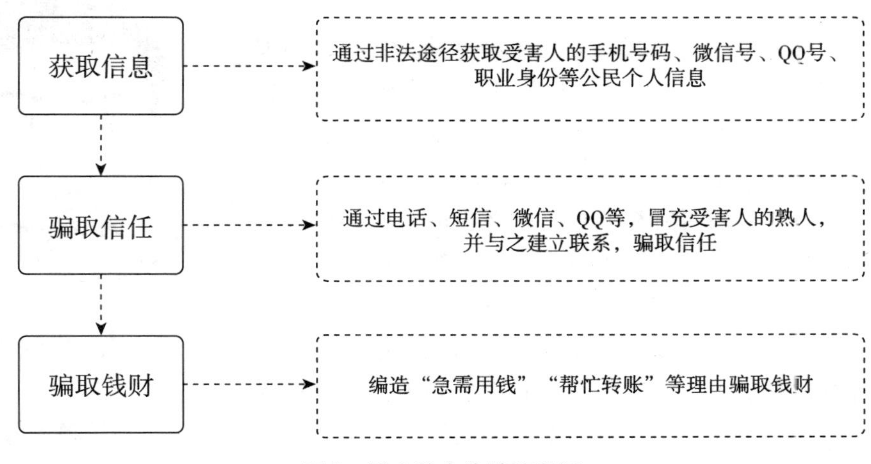

图8　冒充熟人诈骗流程图

第二步：建立直接联系，骗取信任

骗子在做好前期相应准备之后，接下来就是与手机号码、QQ 或者微信账号的持有人建立直接联系。比如通过手机号码发送短信、进入相应微信群聊或者 QQ 群聊等待时机、直接使用 QQ 或者微信添加好友等方式冒充受害人的熟人，骗取信任。

第三步：编造理由，骗取钱财

骗子在与受害人建立直接联系并骗取信任之后，会等待时机或者创造机会对受害人实施诈骗活动。骗子冒充受害人的熟人，以“急需用钱”“帮忙转账”“出车祸”“缴费”等为由，对受害人实施诈骗活动，骗取受害人财物。有些情况下，在受害人汇出第一笔钱之后，骗子又会继续编造理由，对其实施诈骗，直到受害人发现为止。骗子发现受害人发觉被骗之后，会删除或者拉黑受害人的 QQ、微信账号，丢弃作案用的手机号码等，销毁证据，以躲避公安机关的侦查。

三、防范建议

现实生活中，我们每个人都有自己的熟人圈子，这些圈子里的人会通过电话、QQ、微信等线上方式，建立与现实生活中的熟人关系相对应的联系。要有效识别冒充熟人诈骗，防止中招，笔者建议从以下几个方面着手：

一是保护个人信息，防止个人信息泄露。

骗子冒充熟人对受害人进行诈骗活动，前提是需要获取一些与受害人相关的个人信息，然后根据这些信息，编造骗术，对受害人实施诈骗。比如，骗子获取公司财务人员的信息，以及公司老板 QQ、微信账号或者电话等信息，然后再冒充老板，以老板的口吻向财务人员下达转账命令。我们每个人都应该重视保护自己的个人信息，不要在公共场所的电脑及网络上通过 QQ、微博、微信等留下自己以及亲友的真实信息，小心使用手机名片标注功能，以防手机丢失时重要联系人信息被诈骗分子盗用。看到短信、微信上的网页链接，不要去轻易点击，一旦点击到含有木马病毒的链接，通讯录、密码等个人信息就有可能泄露。

二是及时确认熟人是否更换号码、账号。

骗子冒充熟人诈骗，首先会向受害人发送短信、添加 QQ 或微信，并标明之前电话、QQ、微信账号不再使用，然后再冒充熟人对受害人实施诈骗。因此，在接到陌生号码发送的短信、陌生 QQ、微信账号添加好友时，要及时通过之前的熟人联系渠道进行验证，或者通过其他亲戚好友进行甄别确认，不给骗子以可乘之机。

三是向熟人转账或帮忙转账需谨慎。

骗子在冒充熟人实施诈骗犯罪过程中，会以各种理由，逃避受害人通过电话、语音、视频等方式核验身份。因此，对于熟人通过短信、QQ、微信的方式向自己借钱或者要求帮忙转账时，应该提高警惕，一定要通过各种行之有效的方式核验熟人身份。在身份确认为本人的情况下，再进行转账或者汇款；在身份不能确认的情况下，坚决不汇款、不转账。

四是发现被骗，及时报警。

当受害人发现被骗时，应该及时拨打 110 报警，尽早报案以尽量挽回损失。同时注意收集保留转账凭证、联系方式等证据，将这些信息提供给公安机关，为警方提供相关破案线索。

第九章　虚构官方项目诈骗

虚构官方项目诈骗，是指骗子冒充政府相关部门人员，以国家立项、政府支持、全民享有等为幌子，集传销、诈骗为一体的新型、混合型诈骗犯罪。此类诈骗极具诱惑性和欺骗性，骗子往往通过伪造各类官方文件、印章，用 PS 技术伪造一些与领导的合影等，让受害人相信这是由国家支持的项目。受骗对象相对集中，以中老年群体为主。此类诈骗同时也是一类涉众型诈骗，犯罪团伙通过建立微信群发布消息、吸收人员，裂变式发展下线，参与人员多，蔓延速度快，社会危害极大。

一、以案说骗

1. 巨额冻结存款

去年年初，张某加入了一个名为“××专属群”的微信群。群主称只要支付200元“包装费”就可以成为“××背债项目”的会员，即可获得免息使用四十年巨额贷款的“特权”，甚至可以免还这笔贷款。

对方介绍，这个项目来源于“国家××资产管理有限公司”，这个公司专门负责处理储蓄在国有银行账户中的长期无人认领、无法取现的巨额冻结存款，项目会员可以帮助公司“背负”这些巨额存款。作为回报，每背出9000万元的债款，会员可以获得一笔630万元的三十年免息贷款。如果签了免还协议，四十年后，公司可以帮忙还款。因为张某参与得晚，只能加入第二期，贷款金额已减少到400万元。虽然只有400万元，但依然很诱人，张某马上根据模板报送了自己的详细信息，还签订了一份“委托协议”。

到了今年3月，群主又发布了一条消息称，因该项目操作有一定难度，相关银行对会员资质审核要求很严格，所以每位参与的会员要再交800元的“流水包装费”，用以制作相关凭证。当然，实在不愿交钱的也可以，公司可以垫付“流水费”，但会员能得到的贷款也要相应减少到200万。

看到群里有不少人交了钱，想多得点贷款的张某也就随着大家一起交了钱。然而，传说中6月就能“下款”的优质项目却迟迟没有回音，“下款日期”一拖再拖，张某这才觉得自己可能是被骗了。

2. 民族资产解冻

李某某经过多年的努力，在省会城市购买了住房，经营着一家汽配厂，还有一辆跑长途的大客车，过上了小康生活。2019年1月的一天，李某某突然接到一个自称是“财政部处长胡某”打来的电话。胡某对李某某说，“经过考查，我们确定你是个正直的人，现在上级要把部分被冻结的‘民族资产’解冻，并还给人民。政府不方便直接出面，想让你成立基金会来操作这件事，这样不仅可以帮国家做事，还能帮助更多的人，民族资产解冻后，会有一部分资金专门用于发放给基金会的会员”。成立基金会的方法很简单，只需要按照基金会开办程序和慈善法的要求，写一个报告发到胡某的邮箱即可。胡某同时还告诉李某某，发展的会员越多，收取的会费越多，能够解冻的民资资产就越多，将来会员们就能获得政府更多的奖励。

李某某想起以前在一些文章、报道上，确实看到过“民族资产解冻”的相关内容，便联系了自己的一些朋友，大家一致觉得这个项目可以做，并推举李某某为会长。他们商定之后，决定基金会的名字叫“中华圆梦慈善基金会”，并将申请报告发送至胡某提供的邮箱。胡某收到后，通过邮箱发来了盖有“中华人民共和国国务院”红章的任命书，任命李某某为“中华圆梦慈善基金会主席”。

收到任命后，李某某等人开始通过微信群发展会员，对外称“如意园基金会”，以防止被别人假冒。“如意园基金会”按照总会、团、大队、预备大队、班、组六个层级，逐级发展会员，很快便发展到 40 多万人。按照他们的约定，成为会员称之为“报单”，申请人需要提交自己的身份证号、银行卡号、开户行信息、手机号四项信息，以及缴纳 25 元“会费”，有的还加收 1 元手续费。

为了吸收更多人入会，李某某等人制作了宣传图片，通过微信群发放出去。内容包括“加入基金会有什么条件”“有什么好处”等。李某某要求普通会员缴纳 25 元会费，将来可以获得 100 万元回报；管理人员缴纳 35 元会费，除了获得 100 万元回报外，每个月还可以拿到 4000 元到 8000 元的工资待遇。发放的材料中还包括“怎样做一个合格领导者”“有人问民族资产解冻应该如何回答”等内容。

在基金会成立之初，“财政部处长胡某”告诉李某某，基金会需要通过正式的注册才能生效，才能成为解冻民族资产的合法组织，否则，将来无法收到政府的奖励。而要正式注册基金会需要缴纳 100 万元注册费。后来，胡某又以收取材料费、信息费、转款费等名义，让他继续筹钱。李某某陆陆续续将筹措到的一千多万元转给了胡某。可是，有关基金会注册成功的手续，胡某一直没有发给李某某。

到了 2019 年 9 月，胡某告诉李某某，很快就要给他们基金会发放部分奖励资金，不过要先办理“基金卡”。经过协商，李某某决定先给最早入会的 40 万名会员办理基金卡，每个人交 10 元制卡费，一共收了 400 万元。并在 2019 年 10 月初，将 400 万元制卡费转入了胡某指定的银行账户。

在“基金卡”办理过程中，胡某将基金会的“工作证”“营业执照”“法人正副本”等证件都发给了李某某，还给李某某发了一个基金会注册信息的“查询结果”。查询结果显示，“中华圆梦慈善基金会”已经注册，李某某任“会长”，并称这是内部查询，外网查不到。

此外，胡某还告诉李某某，经过开会讨论，决定先为他们基金会成员通过“政府特殊津贴”项目发放一部分资金。但是要交“政府特殊津贴”工本费，按照 16 元、32 元、48 元三档交钱，每月分别可以享受 420 元、900 元、1500 元津贴。这一次，李某某等人又向胡某指定的账户转了 300 多万元。

过了一个月，政府拨款的事情仍未落实。其间，李某某一直在催问胡某。胡某一直以政府正在审批为由，告诉李某某不要心急。同时，基金会的会员也开始躁动，要求李某某退款。2019 年 12 月中旬，胡某又表示项目拨款遇到领导阻碍，需要 100 万元作为打点费。

到了此时，李某某已经有所怀疑，开始质问胡某，称如果还不能拨款的话，要求退还之前上交的钱。胡某则说现在退钱就会功亏一篑，让李某某继续等待。当李某某再次询问胡某时，发现自己已被拉黑，通过其他渠道联系之前有过联系的财务人员，也都联系不上，才知晓自己被骗了。

3. 民生扶贫基金会

一日，老王被拉入一个名为“中国梦想启航基金会”的 QQ 群。群主是“中国梦想起航基金会”的会长李某，自称受民政部部长委托，在陕西省咸阳市成立了基金会，并在群里发布了“中华人民共和国国务院任命书”和“基金会法人登记书”。并称在国务院办公厅、民政部、公安部的大力支持下筹建“中国梦想起航基金会”，也叫“民生扶贫基金会”。

李某称，20 世纪 40 年代末，“马伯平”随国民党逃至台湾，现在大陆和台湾两地经商。目前马伯平有 3600 亿元资金准备成立基金会用于扶贫项目，但资金正处于冻结状态，需要启动资金解冻，并承诺一旦解冻，投资者、众筹者会得到高额资金回报。

随后，一位自称是基金会财务部长的人，在群里发布了成为基金会会员的条件。入会标准有 3 档：第一档入会费为 28+1 元（该档会员最终可获利 30 万元）；第二档入会费为 98+1 元（可获利 100 万元）；第三档入会费为 178+1 元（可获利 170 万元）。还规定基金会的每个理事可获利 500 万元，会长可获利 600 万元。老王觉得入会的费用也不高，并且看到自己朋友也有入会的，要是真能获得资金，足够自己舒服地养老了。于是，也在群里以红包的形式缴纳了 179 元会费，并填报了自己的个人信息。

但过了一段时间，资金解冻的消息没有传来，“中国梦想起航基金会”却被曝光是诈骗，老王发现之前参与的微信群也解散了，才得知自己被骗了。

4. 新时代慈善基金会

王女士年逾五十，平时做一些小生意，但一直不太景气。去年 8 月，一位朋友告诉王女士，有一个叫作“中华圆梦新时代慈善基金会”的项目，是政府项目，稳赚不赔。在朋友的推荐下，王女士半信半疑地加入一个微信群中。

微信群公告称，“中华圆梦新时代慈善基金会”是由发改委、财政部等 8 个国务院部委联合支持成立的民间组织，主要功能是精准扶贫、带领人民奔小康。并称成立基金会的原因在于国家正在追回海外历史遗留的民族资产，需要民间力量来解冻。群主还在群内发送了由国务院颁发的任命书和授权书，称只要交 40 元会费就能入会，共同助力解冻，最后每位会员都能得到几十万元到上百万元不等的福利。并告诉群内人员该项目属于保密内容，为了防止不法分子混入组织，需要签署保密承诺书。

王女士了解之后非常心动，不仅自己交了钱，还发展了 10 多名会员，很快晋升成为本省的会长。其间，王女士的丈夫看到相关普法信息后，一直劝说王女士不要参与，但王女士不顾家人的劝阻，一直痴迷在“奔小康”的美梦之中。直到主犯褚某等人被公安机关抓获，王女士才相信这是个骗局。

5. 第九路军

一日，老吴被朋友拉入一个名为“第九路军 13 纵队第 8 军 5 师 6 团”的微信群。朋友告诉老吴，这是一个绝对机密的项目，自己争取了好久才帮老吴获得到加入的资格。群主自称是第九路军的团长，鼓吹“第九路军直接隶属于中华人民共和国中央军委，只要加入第九路军，国家就会发放扶贫款，大家就会拿到创业基金，就会带领更多人致富”，并在群里发送了总司令任命状等。

团长强调这个项目是“绝密”的，想要成为“第九路军”的会员，需要缴纳 11 元，其中 10 元是“军人证书”的费用，另外 1 元则是团队的办公费用，一旦有了“军人证书”，以后将享受比军人更高的待遇，每月可发放 1 千至 3 千元的月工资。老吴觉得 11 元就能成为第九路军的会员，还是朋友推荐的，机不可失，马上在群里交了钱，成为会员。

成为会员后，团长要求每个人的头像需设置为个人大头照片，昵称则是真实姓名+手机号。每天早上，会员需要按时签到，随后，还有升国旗、奏国歌的仪式，并要求会员们不得随意拉人入群，也不能向亲朋好友透露这个项目。老吴每天都在群里签到，一直在等待发放扶贫款和工资，但没想到过了一个月，群聊突然解散了。老吴询问朋友，结果朋友也是一头雾水。隔天，新闻便报道了“第九路军”是一起由诈骗团伙主导的民族资产解冻类诈骗，才得知自己被骗了。

6. 养老投资

文彬今年 42 岁，在建筑工地打工，和许多中年男人一样承受着工作、家庭和生活的巨大压力，但日子也算安稳宁静。偶然的一个机会，其在朋友圈扫了一个二维码进了“民族大业善款群”。

随后，一个叫陈龙的人通过“民族大业善款”群跟文彬联系，说自己是某地一禾养生投资有限公司的代表，并给了文彬一些相关的文件，大概内容是国家将给予对民族大业有功的忠义人士每人 100 万元的养老款，并享受终身养老福利。而这笔钱是由我国国务院直接负责的，想要得到这笔钱必须先交 200 元的税收。并且，陈龙还对文斌说机会非常难得，自己愿意把 3 万个会员名额交给文彬搞推广，希望文彬好好把握这个机会。

文彬信以为真，动员自己的亲戚、朋友以及工地的工作人员，用微信红包的方式让每个人支付了 210 元。然后文彬分三次转账给自称是“副总理”汪某的秘书关某共计 50 万元。后来善款没有在规定时间到位，文彬给关某和陈龙打电话，发现他们手机都关机了，一直联系不上，才知道被骗了。

二、骗术解析

虚构官方项目诈骗，是一种利用国家、政府的名义，虚构事实，骗取人民群众钱财的行为。此类诈骗是诈骗、传销的混合体，涉及人员众多，危害极大。骗子的诈骗套路一般分为以下几个步骤：

第一步：伪装身份

为了骗取受害人的信任，骗子会为自己编造一个合适的身份。一般冒充的都是中央、国务院和各部委的领导、工作人员的身份，以增强骗术的迷惑性。为了增加“身份”的可信度，骗子也会伪造相应的身份证件。

第二步：骗取信任

在寻找潜在受害人的最初环节，骗子会通过非法渠道获取公民个人信息，再进一步通过打电话、发短信的方式与受害人取得联系，或者通过添加微信、QQ

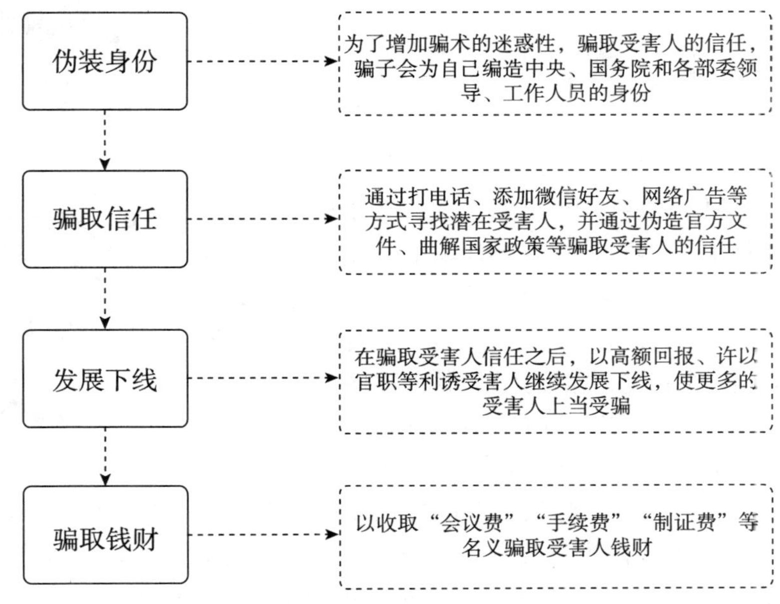

图 9 虚构官方项目诈骗流程图

的方式与受害人建立联系。建立联系之后，骗子就会进一步推出虚构的“民族资产解冻”“养老”“扶贫”等项目，并抛出伪造的公文等，使受害人彻底上当。在这个过程中，骗子还会对受害人进行宣传洗脑，让受害人产生这是在为国家做事的感觉，从而忽视骗局中明显的漏洞。

第三步：发展下线

在骗取受害人的信任之后，骗子会继续以“高额回报”“许以官职”“民族大义”等理由，鼓动受害人通过建立微信群、拉人头的传销方式大力发展下线，使其从受害人变为骗子的帮凶，使更多的受害人上当。这一过程中，骗子会指导受害人如何进行项目推广，如何建立层级制的管理制度，并提供一些虚假的官方聘书、任命书，使下线发展得更为顺利。

第四步：骗取钱财

这类骗术中，骗子骗取受害人钱财的名目比较多，且在诈骗实施的各个阶段都存在向受害人索要钱财的行为。比如，在诈骗前期会收取“会员费”“注册费”；在诈骗后期会收取“制证费”“活动费”“手续费”。而且，随着更多的受害人加入，各个名目的费用也在滚动收取，越多受害人加入，骗子骗取的钱财也就越多。

三、防范建议

虚构官方项目诈骗的主要对象是中老年群体，他们平时上网较少，对于这些伪造的政府公文、文件辨识能力较弱，更容易被骗子“洗脑”。这类诈骗中，虽然单个受害人被骗的金额不大，但由于受害人人数众多，诈骗金额加在一起就十分巨大。同时，这类诈骗也严重损害了政府形象，影响社会和谐稳定，容易引发群体性事件。对于此类诈骗，笔者建议从以下几个方面着手进行防范：

一是多了解国家政策和政府部门的工作方式。

当前我国没有任何民族资产解冻类的项目，凡是打着类似民族资产解冻旗号收取费用的，或者以国家、政府名义通过打电话、微信、QQ 的方式直接进行“工作授权”“项目委托”“职务任命”的，都是诈骗。对于相关的国家政策和政府部门的工作方式，平时应该多了解，以免轻易地被骗子的花言巧语所迷惑。

二是政府公文应通过官方渠道核实。

对于他人提供的官方文件，尤其是通过网络提供的，不能轻信，应通过公开途径对相关文件进行核实。如果对方称文件是绝密的，公开渠道查不到，就更不能相信了，因为绝密的文件是不允许通过网络方式进行传递的。

三是切勿相信低投入、高回报。

我们每个人都应该坚信“天上不会掉馅饼，任何人都无法不劳而获”。对于宣称缴纳数十元、上百元会费，就能获利数万元、数十万元，甚至数百万元的各类项目，均是诈骗。捂住自己的钱袋子，丢掉妄想，脚踏实地，才能让骗子无机可乘。

四是认真甄别活动组织者的身份。

在参加以社会组织、民间组织名义举办的活动之前，应先核实活动举办方的合法身份，认真甄别网络上和微信群里的各类所谓的“基金会”等组织和“公益慈善项目”，可通过“中国社会组织公共服务平台”或者“中国社会组织动态”微信公众号查询是否属于依法登记的社会组织。当发现未在民政部门登记的组织打着社会组织旗号开展活动的，可以向当地民政部门举报，或者通过前述国家官方组织的网站或微信公众号进行投诉举报。同时对于自称是民间组织，为了防止政府插手管理而无法登记的，可一律视为诈骗。

第十章　利诱类诈骗

相信很多人都收到过此类“中奖”短信：“尊敬的用户，恭喜您的手机号被×××节目组抽取为场外二等奖幸运用户，您将获得78000元奖金及苹果电脑一台。”当实际去兑换时却需要交各种保证费、运费等，领取奖品困难重重，这便是典型的利诱活动类诈骗。在该类诈骗中，骗子利用人们爱贪小便宜的心理，紧跟社会热点，以推销、广告、促销、兑换等为名传播虚假信息，使受害人在不知不觉中上当受骗。

一、以案说骗

1. 知名企业大奖

一日，孙女士早上出门时，发现自家信箱里放着几张刮刮卡，上面写着“三星集团周年庆刮刮卡，最高可中奖100万元！”孙女士心想可能是邮局的人放的，而且还是大企业的活动，刮一刮也无妨。没想到一刮，竟有两张中了奖，其中一张还是一等奖——100万元，另一张中了2000元。孙女士十分兴奋，马上拨打了刮刮卡上的联系电话。

电话接通后，对方自称是三星集团销售部的工作人员。孙女士告诉这名工作人员，自己中了100万元大奖，工作人员随即告知孙女士，须添加“王科长”的微信号，审核刮刮卡才能兑奖。孙女士没有怀疑，添加了工作人员给的微信号，并将中奖的刮刮卡拍照发给了“王科长”。“王科长”告诉孙女士经过审核，孙女士确实中了100万元大奖，需要孙女士提供自己的银行卡号、身份证号等以发放奖金。孙女士非常高兴，很快把相关的信息发送了过去。

此时，“王科长”表示，根据国家规定，孙女士领奖需要缴纳20%的税费。不过，三星集团为了更大程度地回馈社会，给孙女士争取了公益通道发放奖金，这样孙女士就可以不交税费了，但是需要先交3万元的申请费。随后，“王科长”给孙女士发送了一个“红头”文件，上面写着公益通道发放的流程，以及一个名称为“三星集团福利科”的收款二维码。孙女士觉得对方是大公司，应该不会被骗，便扫码支付了3万元。随后，“王科长”发给孙女士一张转账截图，告诉孙女士正在走程序，但因金额较大，可能需要等几天才能到账。

过了几天，孙女士的账户仍然没有收到奖金，便去询问“王科长”，却发现自己已经被拉黑，拨打之前的电话也无法接通，这才发现自己被骗了。

2. 娱乐节目大奖

某天下午，何某手机上收到了一则短信，显示自己中了“中国好声音”二等奖，奖金为16万元。虽然觉得不可思议，但奖金金额巨大，何某还是抱着试一试的心态，点击、打开了中奖信息中提供的网页链接，填写了个人资料并提交。提交之后，系统通知何某要交5000元保证金才能继续兑奖，何某觉得不靠谱就没有再管。

五天后，一个自称是北京某某律师事务所的律师来电，对方在电话中告知何某，因填写了个人信息却未领奖，已经构成违约，如果再不领奖将被起诉。随后，该名“律师”通过短信将一份合约条款发给何某，上面写着：“若规定时间内没有办理相关手续，将被视为违约，系统将自动把您所填写的资料提交到您当地的法院进行起诉，要求违约用户按照法律和合同的规定承担赔偿违约金 10 万元。”

何某回忆了一下，想起当时确实是勾选了一个“同意”，但具体内容他并没有细看，又想到自己个人信息已经被对方掌握，惹上官司就麻烦了。于是，何某就按照对方的要求把 5000 元的“保证金”汇到了对方指定账号。随后，一名自称是“中国好声音”节目组的工作人员打电话给何某，称何某因领奖时间过期，须再汇 5 万元解冻费，何某这才确定自己是遇到了骗子。

3. 中奖邮件

13 岁的少年小黄在玩手机游戏时，收到一封中奖邮件。内容是：“恭喜您，中奖 68000 元，兑奖请添加 QQ：××××××××”，邮件落款是小黄正在玩的游戏公司名称。小黄信以为真，添加了邮件内的 QQ 号。对方自称是游戏公司兑奖客服中心的工作人员，领取奖金需要先交手续费和税款，随后发给小黄一个收款二维码。小黄想着对方是游戏公司的工作人员，自己也是在玩游戏的时候收到的，便没有怀疑，偷偷用妈妈的手机扫码转账了 3500 元，并将妈妈的银行卡绑定了自己的 QQ 钱包。可是，工作人员却说因为小黄不是用自己名下的银行卡付的款，还需要交 2000 元的“验证费”，才可以将钱转给小黄。小黄再次转了 2000 元。此后，工作人员又以各种理由要求小黄支付“解冻费”“会员优惠金”等，共计 19980 元。小黄的母亲接连收到转账短信后，发现被骗。

4. 红包返利

一天下午，小张登录手机 QQ 时，被一个 QQ 好友拉入了一个“进群发福利”的 QQ 群。小张进群后不久，就看见群主在群里发出一个红包。红包被小张和群友们一抢而空，他只抢到 2. 8 元。正当小张失望时，群主发话：“大家别急，这只是小利，后面还有大利。”

“怎么能得到大利？”小张和几名群友好奇地问道。对方回答：“你们单独给我发红包，我会以10倍返还。”正当小张将信将疑时，群里有人发出一张截图，显示此人给群主发了200元红包，群主返还其2000元。这下小张相信了，立马跟群主私聊。两人聊了一会，对方直奔主题说：“相信我，只要你给我发红包，我会加倍返还给你。”小张有些不解，便询问对方哪来的钱，为什么这么做。对方告诉小张自己是做工程的，这些年赚了钱，想回报社会。给大家返还红利，做点慈善。

小张虽然将信将疑，但还是抱着试一试的心态，给对方发了200元红包。但是对方说，返还的数额比较大，发红包有限制，比较麻烦，不如用微信支付来得快。小张想想也是，便跟对方加了微信。对方发来一个二维码，小张按照对方要求，通过微信扫码又支付给对方300元。两次加起来500元，但是，小张等了半天，对方并没有返还自己5000元，便追问对方。对方说，“给我发红包的人比较多，需要备注后重发。你备注一下，再发300元，我会一起返还的。”小张又通过微信支付了300元。然而，对方仍然没有返还，又让小张交纳“激活账户手续费588元、保证金888元”。小张觉得不对劲，质疑对方，对方便不再理会，最后将他的微信拉黑、“踢出”QQ群，小张这才明白自己被骗了。

5. 积分兑换

某天，杨先生收到一条由“移动公司”发来的积分兑换短信，内容如下：“尊敬的用户您好，您的话费积分3160即将过期，请手机登录web-10086.com/bank激活领取现金礼包。中国移动。”见到短信是由自己手机号所属运营商的号码发送的，网址看起来也很真实，杨先生就没有过多怀疑，直接用手机打开了网址。

网址打开后，进入到一个标题为“掌上营业厅”的页面，页面要求填写姓名、身份证号、信用卡卡号、交易密码、预留手机和信用卡卡背后三位数字等信息。杨先生按照要求填写了相关信息后，点击下一步，又进入了一个标题为“全国银联信用卡提额专用”的页面。继续填写信息后就被要求下载一个安全控件（实际上是木马程序）。当杨先生一切都按照页面提示提交信息后，页面就进入了一直等待的状态。不久后，杨先生就收到多笔消费短信，提示自己的信用卡消费了7739元，这才发现被骗。

6. 网络彩票

一日，有一男子请求添加薄女士为微信好友。薄女士加其为好友后，该男子向薄女士透露有一名叫“嘉豪娱乐”的“正规”彩票网站，通过购买该网站内“河内 5 分彩”板块的彩票可以赚钱，自己已经赚了不少钱，并晒了自己的收款记录。薄女士看了之后，有些心动，就按照男子发送的网址，登录了一个彩票购买网站，注册账号并绑定了自己的银行卡。

随后，薄女士又被该男子邀请进入了一个交流购买彩票经验的微信群。群内有一位“老师”指导购买彩票，每期分享购买的号码。薄女士充值了 200 元，想要试一试，反正输不了多少钱。开奖后，果真买的号码中奖了，并成功提现。薄女士信以为真继续充值，但后面买的号码中奖率较低。“老师”告诉薄女士充值金额越大，中奖率越高。随后，薄女士加大充值金额，却越赔越多，已经投入了 2 万余元，仅回本了 5000 千元。薄女士打算将账户里的余额提现，不再玩了。网站的“客服人员”却称，因为系统升级、维护、操作超时被冻结等原因，薄女士需要向账户里再充值相同金额的资金后才能提现。急于追回成本的薄女士继续充值，充值后却发现还是无法提现，才意识到被骗了。

7. 问卷抽奖

某日，小欧在刷朋友圈的时候，看见有一个好友发了一个“填写问卷抽大奖”的链接。出于好奇，小欧点了进去。发现是一个关于购物习惯的问卷，小欧按照要求填写了个人信息和问卷内容。完成后参与了抽奖，结果抽到了一等奖。

小欧十分开心，按照中奖页面的提示添加了一个微信，表明要兑奖。对方自称是此次抽奖活动的工作人员，并告诉小欧一等奖是一只 LV 手提包，并问小欧奖品是想提现还是要实物。小欧表示想提现，对方又告诉小欧，提现需要先缴纳 588 元，用于办理提现申请。小欧为了能够尽快提现，便通过微信给对方转了 588 元。之后，这名工作人员说，提现申请已经提交，下面的事情由他的上司王经理负责，并给小欧推送了王经理的微信。

添加了王经理的微信后，王经理询问小欧是否中了一只 LV 包现需要提现，小欧给予了肯定的回答。然后，王经理介绍说这只 LV 包是公司在海外购买的，需要先将该包运回国内，经公司登记并折现，折现后能给小欧提现 6000 元，但是现在该包要过海关，需要小欧额外支付 1000 元。小欧没有想那么多，便给王经理转账 1000 元。但是一个小时过后，王经理又跟小欧说，需要额外交纳运费 2000 元。此时，小欧感觉有些不对劲，于是拨打了 110 进行求助，在与民警的交流中得知自己被骗了。

8. 精美礼品

小美是一个二年级的小学生，周末学校放假时，她最喜欢的事情便是用自己的手机刷抖音短视频。一个周末，小美和往常一样在家里刷抖音短视频，突然看到一个名为“精美礼品免费领取”的视频，于是小美抱着免费的东西不拿白不拿的心态，添加了对方为好友。

小美问对方是否有免费的礼品可以领取。对方回答“是”，并让小美添加了自己的工作微信。小美添加后，对方告诉小美，想要免费领取礼品，需要扫一个二维码，填写里面的信息就可以了。小美扫码后，按照生成页面的提示进行了填写。填写完毕后，小美便联系对方，对方却发了一张小美支付给对方 100 元的转账截图，小美大惊，礼品不是免费的吗，怎么扣了我的钱。

对方告诉小美，可能是系统出现错误，不小心扣了小美的钱，并问小美是否想要领回。小美焦急地表示想领回自己的钱。对方说，需要用大人的微信才能领回，并告诉小美让她去拿妈妈的手机到没有人的地方进行操作。小美照做了。之后，对方以更好更快的帮小美找回这个钱为由，和小美进行了视频通话，手把手教小美如何操作妈妈的手机。

在对方的“指挥”下，小美用妈妈手机收到的验证码更改了妈妈微信支付的支付密码和微信的登录密码。更改完毕后，对方就告诉小美，现在你只要把手机调成飞行模式，半个小时后钱就会退回卡里，但是切记这半个小时飞行模式不能关闭，否则转账就会失败。

为了保证转账过程不出现对方说的失败情况，小美在一个小时过后才关闭了飞行模式，此时无数条扣费信息出现在手机屏幕上。小美很害怕，于是赶紧把情况告诉了妈妈。妈妈知道后意识到小美被别人骗了，并拉着小美去派出所报案。

9. 六合彩特码

刘女士经营着一家副食店，偶尔也会跟着周围的朋友在一些庄家那里买“六合彩”，虽然这种行为属于变相“赌博”，但在当地却很流行。去年 6 月的一天，刘女士在某六合彩网站看到一则广告。广告中，一个叫“香港马会”的网站宣称自己可以提供六合彩特码，并留有联系方式。刘女士正好最近手头有点紧，就抱着试一试的心态，添加了广告中所留的微信。

添加微信成功后，对方自称是网站的工作人员王某，并向刘女士介绍说“香港马会”网站是香港六合彩公司内部人员建立的，他们有特殊方法可以提前知道六合彩开奖号码，并告诉刘女士近期的六合彩特码是××。刘女士一开始并不相信，但她在开奖时对了一下特码，果然没错，她有些心动了。

接着，刘女士告诉王某希望与他们长期合作，王某很爽快地答应了，还让刘女士先缴纳368元的“入会费”，成为“香港马会”网站的会员，并签订了一份电子合同。之后，王某让刘女士与网站销售部的“张经理”联系，具体开展后续合作。添加了“张经理”的微信后，“张经理”便让她先交三期的特码费共计7660元。等到三期结果全部开出，其中一期特码又猜对了，刘女士获得大额奖金，并按约定支付了中奖金额的30%给网站作为提成。

此后，刘女士又连续通过“张经理”缴纳了多期的特码费，其间还按照“张经理”的要求缴纳了“保证金”“保密费”等。但是，网站提供的特码似乎越来越不准了，她不但没有赚到钱还亏了很多。在不到一个月的时间里，刘女士先后给对方转账大约12万元，甚至都把副食店进货的钱都填了进去，却仅回本5000元。感觉不对劲的刘女士把事情告诉了自己的家人，最后在家人的陪同下去报了案。

10. 一元夺宝

小丁在浏览网页时，发现了一个“1元夺宝得苹果手机”的小广告。小丁很好奇，点进去之后了解到，“1元夺宝”就是把一件商品平分成若干等份出售，每份1元，当一个商品所有等份售出后，就从全部购买者中抽取一名幸运者，获得这个商品。

小丁心想，只需要1元就有机会抽中一部手机，即使没有抽中，也只是损失了1元钱，一点也不亏，就抱着试试看的心理，填写信息参与了这个活动。随后，有一个自称是京东客服的人添加了他的微信，称自己是专业代抽人士，可以百抽百中，小丁只需要支付1300元便能得到一部苹果手机。小丁信以为真，觉得1元抽手机中奖的机会还是太渺茫了，现在支付1300元就能拿到一部苹果手机，实在是太合适了，于是向对方支付了“代抽定金”100元。

不久后，对方果然给小丁发来了中奖通知的截图。随后，小丁很痛快地将代抽的余款1200元转给了对方，并催促对方赶紧给自己发手机。对方一口答应，但随后又让小丁支付发票费用、公证费用等。小丁又陆续汇出了数千元，这才发现不对劲，再次询问对方，发现对方竟直接将他拉黑了。

11. 免费领养

某天，章某在赶集网上看到一则只需支付物流费就可以免费领养名贵折耳猫的帖子，发帖人留有 QQ 号。章某很喜欢猫，一看是名贵品种还是免费领养，心动不已，就加了对方为好友。好友通过后，对方说自己叫“小雅”，自己的折耳猫已经 1 岁了，但是由于最近搬新家，父母不让继续养了，就想找一个懂猫爱猫的人领养。

然后，“小雅”给章某发来了猫咪的照片，介绍了猫咪的情况，并详细询问了章某的情况，确认其有抚养条件后，又叮嘱了喂养的注意事项。章某看到“小雅”对猫咪如此细心负责，且猫咪品相好，性格温顺，顿时觉得自己十分幸运，对此次“慎重”的托付深信不疑。

接着，“小雅”让章某到一个名叫“新易贸”的物流平台进行交易。章某在网站注册完成后，网站客服让章某将“运费”加“氧气箱费用”总计 800 元汇到一个建设银行账户。章某汇款后，网站客服却说因汇款不带零头，资金已被冻结，需要汇入双倍金额且带有零头的款项才可解冻，让章某再汇 1609 元，解冻后再返还给他。

章某迫切地想要领养这只猫咪，就按照对方的要求再次汇款。没想到的是，网站客服又说异地汇款还要多收 2 元，需要重新汇款才能解冻，章某又按照对方的要求汇了 1205 元到指定账户。网站客服告诉章某资金已经解冻，解冻资金将悉数返还。不久，章某在物流网站看到猫咪已经发出，然而等了几天迟迟收不到猫咪，返还的款项也没有收到，“小雅”和网站客服也都联系不上了，章某这才意识到自己被骗了。

12. 重金求子

某日，大柱手机上显示有一个未接电话，大柱回拨过去后听到一段女声：“我叫林阿芳，因丈夫失去生育能力，巨额财产无人继承，寻找一名身体健康的男子帮助我实现做母亲的梦想，事成之后给 200 万元的酬金，联系电话×××××××”。听到这个内容，大柱将信将疑，但耐不住好奇之心，就按照语音所留的电话打了过去。

电话中，是一个温柔的女声回应。大柱表明来意，女子询问大柱的个人情况，大柱便赶紧做了一个简单的自我介绍，可女子似乎也在担心大柱是骗子，言语中充满疑虑和不安，说自己不能完全相信大柱。大柱用略显笨拙的语言表明自己绝对不是骗子，女子便让大柱记下了“郑海”律师的电话，并说将尽快安排其联系大柱。挂断电话后，大柱有些想入非非，毕竟这种“财色兼收”的好事真的能轮到自己吗？

没过一会儿，“郑律师”的电话就打了过来。电话中，“郑律师”对大柱说：“每天都有很多男士约见林小姐，可林小姐一直都不满意，现在你需要向我详细地介绍一下你自己，说说你的优势。”大柱一听竞争如此激烈，就跟律师好好包装了一下自己。“郑律师”听后似乎很满意，对大柱说：“你的情况不错，但我仍然不能确认你说的是否是真实的，所以你需要先交 200 元的‘诚意金’，我会安排你们面对面交流。”大柱按照律师的要求汇了款，就等待其后续安排。

隔日，“郑律师”打电话过来，说已经安排好时间，自己将和林小姐一起过来，与大柱在汇聚大厦一楼的咖啡厅见面，如果林小姐满意就会当面签署“合作生子”协议，但是林小姐身份特殊，对自身的安全极为重视，故而在充分考虑大柱的经济实力之后，需要大柱交纳“安全保证金”3400 元和“押金”1 万元，否则林小姐不会冒此风险。

大柱为了见到林小姐，便按照“郑律师”的要求将钱款汇到了指定账户。接下来，大柱开始筹备见面的事宜，可是到了约好的日子，大柱再联系“郑律师”和林阿芳时，发现电话都已经停机了，这才发觉自己被骗了。

13. 粉丝福利

喵喵浏览抖音短视频时，看到一则抖音短视频说要给粉丝赠送福利，福利是 iPhone 手机。喵喵在下面评论了一句“真的么”，然后很快就有另外一个抖音号东东回复喵喵，说他可以帮喵喵安排。随后东东就添加了喵喵的抖音号，然后让喵喵扫码进了一个 QQ 群。

QQ 群里面就两个人，然后他让喵喵转 200 元押金给他，还说手机收到后会退给她。于是喵喵通过支付宝扫码支付给对方 200 元，然后东东又提出要喵喵先支付 25 元运费，于是喵喵又扫了 25 元给对方。后来东东就给喵喵发了一个截图，显示订单提交成功。之后，喵喵问东东手机到了没有，东东说到了，喵喵就问取件码是多少，对方却说要再交 254 元的取件费。喵喵怀疑对方是在欺骗自己，对方就发了一张身份证照片给喵喵看，说如果被骗了可以报警。于是喵喵又用支付宝扫码支付 254 元，但之后喵喵还是没有收到手机，最终发现自己被骗了。

14. 打赏退款

涛涛在刷某直播平台时加了一个微信好友，对方发给他另一个直播平台的链接，告诉涛涛这个直播平台的主播可以互动聊天。涛涛就按照链接下载了一个叫“恋尚你”的 APP，并注册了账号，对方给涛涛介绍了其家庭住址附近的主播。然后涛涛就开始与主播在 APP 上聊天，主播告知涛涛喜欢我就给我刷礼物吧，而且刷礼物的钱是可以退回的，只是为了增加直播间的热度，并且刷完礼物我们可以线下见面。涛涛觉得既然钱是可以退还的，而且还可以和美女见面，于是没有顾虑一直刷礼物。刷完礼物后主播就加了涛涛微信，并把负责退钱的客服微信推送给了涛涛，让涛涛向客服申请退款。但是加上客服微信以后，客服人员告知他再刷 2000 元的礼物才可以退钱。涛涛感觉不对劲，便质问客服，客服随即将其拉黑。

二、骗术解析

在利诱类诈骗案件中，骗子利用人们贪利、猎奇的心理，虚构奖项、福利、返利、优惠等情形，引诱受害人上当，使人防不胜防。在此类诈骗中，骗子的诈骗套路一般分为以下几个步骤：

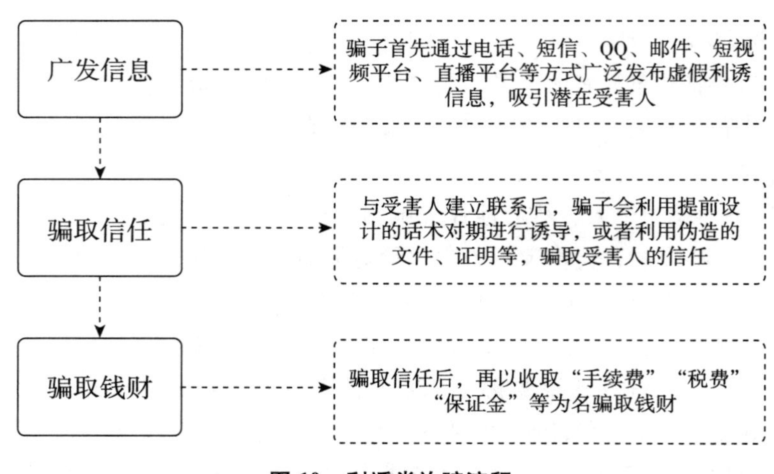

图 10　利诱类诈骗流程

第一步：广泛“撒网”

在这个环节中，骗子的目的是主动发现潜在受害人，或者吸引潜在受害人的注意。手段上，一是通过非法途径获取大量公民个人信息，从中挑选合适对象逐一进行主动联系；二是通过短视频平台、直播平台、网络广告等途径广发虚假利诱信息，吸引潜在受害人的注意。

第二步：骗取信任

联系上受害人之后，骗子会按照设计好的话术，环环推进，骗取被害人的信任。在这一环节中，骗子的目的是让受害人相信真的“有利可图”。手段上，一是伪装成官方机构、知名企业等单位的工作人员，从身份上增加可信度；二是抛出“免费”“小投入大回报”等噱头，利用人们的贪利心理，使受害人不能自拔；三是故意设置多个环节，逐层推进，增加骗术的可信度，慢慢将受害人诱向深入。有些骗术中，骗子还会使用伪造的文件、转账凭证等，打消受害人的顾虑。

第三步：骗取钱财

在受害人上当之后，骗子就会以收取“手续费”“税费”“保证金”等为名诱骗受害人转账。在有些骗术中，骗子会在受害人初次转账后，以受害人操作有误导致钱款被冻结为由诱骗受害人再次转账，或者索要所谓“解冻费”，骗取更多钱财。

三、防骗建议

一是不贪利，提高防范意识。

天上不会掉馅饼！不会有人无缘无故地免费送别人东西，也不会有人好心到把可以赚大钱的机会白白送给陌生人。对于飞来的“横财”和“好处”，一定要有防范之心，谨慎对待，切莫被贪念冲昏了头脑。只有我们有了防范之心，骗子就不能轻易地欺骗我们。

二是不轻信，注意找官方核实。

对于以官方机构、知名企业等单位名义发送有关“中奖”“兑换”“福利”等信息的，应首先通过这些单位的官方电话、网站、公众号等渠道进行核实，而不是按照对方提供的联系方式核实。特别是对方发来的信息中含有网址链接的，更不要轻易打开。

三是不转账，不泄露个人信息。

无论何种情况，我们都不应在未经充分证实的情况下向他人转账。而且，正常的抽奖活动、赠送活动都不会让参与者“先交钱、后领取”的。因此，当碰到对方要先收取相关费用才能“兑奖”“领取礼物”的情况，应直接认定为诈骗。对于身份证号、银行账号、密码、验证码等信息应加强保护，非经正规渠道，不能告知他人，更不能在来历不明的网站、链接中填写，以防个人信息泄露，造成钱财损失。

第十一章　网络游戏中的诈骗

网络游戏是多名甚至众多玩家通过网络来进行的游戏。在网络游戏中，各个玩家都是虚拟的存在，可以通过游戏平台进行文字、言语交流。近年来，网络游戏产业发展迅速，“王者荣耀”“英雄联盟”等网络游戏更是成为众多玩家每日的必修课。而诈骗分子也趁机在虚拟的网络游戏中，利用受害人贪图便宜、攀比、猎奇等心理，在购买装备、练级升级、交流互动等场景中对玩家进行诈骗。

一、以案说骗

1. 低价装备

去年 3 月的一天，家住重庆的小李在家中打游戏，其间他玩的“地下城与勇士”这款游戏当晚有个“团队副本”需要多个玩家参与。孤身一人的小李便在游戏中组了 2 个陌生的游戏玩家，几局游戏下来，小李与他们交谈甚欢，并且互相交流“稳赢秘籍”。没多久，三人便互相添加了对方的 QQ 号。接下来的几天里，三人一直组队刷着“团队副本”。在此过程中，小李对其余两人的技术十分敬佩，觉得对方是这个游戏中的高手。

这天，三人如往常一样刷着“团队副本”，在游戏交流中，一个队友称自己最近手头有点紧，想低价出售几款游戏装备，比官网便宜近千元，并且还可以帮小李代练游戏等级，小李听后有些心动。见小李还犹豫不决，对方立马称兄道弟地招呼起来，声称与小李投缘，又是自家兄弟，可以再便宜一点卖给他。

在前几天一起打游戏时，小李就对这件装备十分看好，深知有了这个装备自己的游戏属性能够大幅度提升，涉世未深的小李终究没能抵住诱惑。他扫描了对方发送过来的二维码，向其支付了 5000 元，但是支付完成后装备却迟迟没有到账。此时，对方声称系统有问题，需要换张支付码重新支付，并称之前支付的款项会自动返回小李银行账户。小李此时并未察觉不妥，于是又扫取了新的支付码支付。但对方又以收取保险金、手续费、双方等级差距太大等理由，让小李继续支付费用。就这样，按照对方的要求，小李前后支付了五笔款项，共 26059 元。

然而，几天过去了，小李始终未能如愿收到游戏装备，游戏等级也未改变，当小李再次联系对方时，发现自己已经被对方拉黑。此时，小李才意识到自己被骗。

2. 在线代充

今年 21 岁的小彭是一个资深的网络游戏玩家，近两年来，他迷上了一款手机游戏“皇室战争”。对于这款手机游戏，小彭觉得自己在游戏中的卡牌组合不够强势，于是一直在想方设法提高自己游戏中的卡牌质量。

去年 3 月的一个下午，小彭进行了一场游戏对战，结果落败。不服输的他前往手游“皇室战争”的“部落”（游戏内社交平台）与其他玩家交流经验。在聊天过程中，小彭收到了一条内容为“充值 50 元送 250 万宝石加 500 史诗卡牌，即买即到，有意者加 QQ”的广告，急于提升自己卡牌质量的他添加了这个名为“娜娜在线代充商”的 QQ 号，询问充值事宜。对方表示，只要先在其指定的游戏币代充值网站“IC 交易网”中注册网站会员，然后在网站的“皇室战争”充值页面进行付费充值，即可获得广告中所说的游戏道具。

为了获得广告中的牌组，小彭按照对方要求注册了会员并完成了充值，但是自己游戏账户的点券余额仍然为零。对此，“娜娜在线代充商”表示要联系一下“IC 交易网”的“网站客服”。而联系后，小彭被告知是由于注册的网站账户“没有激活”，需要支付 980 元进行激活，激活后 980 元可以再退还给小彭。小彭一听自己支付的激活费可以退还，便没有犹豫，扫描了“娜娜在线代充商”发过来的二维码，支付了 980 元。一会儿，对方发来一张显示“冲闪拦截管家”的截图，图中显示已经成功充值 250 万宝石，并赠送了 500 张史诗卡牌。但对方同时又说，由于账户是首次充值，需要联系客服支付 200 元进行“解冻”。随后，小彭再一次给“娜娜在线代充商”支付 200 元，可是游戏中的点券和牌组还是未到账。小彭再一次询问“娜娜在线代充商”，对方表示刚刚出现了“订单错误”的提示，要小彭重新支付“解冻费”200 元。这时，小彭才醒悟过来，知道自己被骗了，随后向公安机关报案。

3. 高手代练

小骆最近迷上了“王者荣耀”这款手游，为了提升自己在游戏中的排位段位，他日夜不停地打游戏，但是苦于技艺不精，段位一直没有太大提升。去年 6 月的一天，小骆玩游戏时看到游戏的公共频道有一条代练帮助上分的消息，消息中留下了 YY 房间号。小骆想着同场的队友都技术高超，自己何不“请个高手”帮帮忙。出于该想法，小骆点击进入此“代练”的 YY 房间，提出了想让代练帮忙打排位上分的请求。

在 YY 房间内，对方详细询问了小骆的游戏账号情况，随后便答应了小骆的请求。接着，对方发给小骆一张支付宝付款二维码，告诉小骆游戏代练的收费情况，并要求小骆根据自己想要达到的段位进行付款。当时，小骆在游戏中处于白银段位，想要代练帮忙打到钻石段位。于是，小骆按照对方所说的 200 元上一个段位的收费标准扫描二维码共计支付了 600 元。

小骆支付完成后，以为终于能刷分了，“代练”却发来消息声称小骆扫的二维码不对，将会重新给小骆发送支付二维码，并且这次发送的是商家代付码，不会扣除费用。很快，对方重新给小骆发来了两张二维码，并表示之前支付的600元会以游戏点券的方式充值到小骆的账号中。小骆只好再次扫描对方发来的二维码。第一张失效，扫描第二张后终于显示成功支付600元。

但此时对方却称是小骆自己扫错，应该扫第一张，并“爽快”地给出解决方案。对方说，小骆两次一共支付了1200元，他会给小骆发一张商家代付码，里面有800元点券，算是其还给小骆的800元，还有400元就作为帮小骆代练到钻石的代练费（等于给小骆优惠了200元）。

小骆觉得对方这样解决很有诚意，便立即扫码，没想到又显示支付了800元，而不是收款800元。而且在支付800元后，小骆发现自己经被踢出了YY房间，并且再也没办法进入此YY房间，意识到自己被骗的小骆立即向公安机关报警。

4. 极品账号

钟某是一个资深的“穿越火线”玩家。对于“穿越火线”这款游戏，他已经玩了7年有余，游戏经验丰富、游戏技术高超，游戏账号中拥有许多限量、稀少装备。

去年10月的一个下午，钟某在穿越火线中进行着一场团队竞技比赛。在这场比赛中，钟某团队以较大优势击败了对手。赛后，钟某看到自己的好友列表中出现一个好友添加申请，是刚刚比赛中的一个队友，于是钟某通过了对方的申请。对方表示十分崇拜钟某的游戏技术，想要和钟某一起组队多打几把学习学习。钟某想着自己也没什么事，就同意了。几把游戏下来之后，对方看到钟某的账号装备高阶，并且仓库中还有许多限量、稀有装备，表示自己愿意出3200元购买钟某的游戏账户。当时，钟某觉得这个游戏已经玩了很长时间，没有太多趣味了，当即表示同意。于是，双方互加了QQ，以方便交易。

对方通过QQ发来一个某第三方交易平台的网址链接，并解释是为了交易放心安全，让钟某把游戏账户放在这个交易平台上标注3200元的价格售卖。钟某依言注册了账号，并把游戏账户上架出售，没过多久，对方说他已经在网址内购买了游戏账号，钱已经打进账户了。钟某登录查看了一下，发现网址账户余额确实有3200元，于是申请提现，可是这笔钱迟迟未到账，而且网址显示账户已被冻结。在对方的提示下，钟某联系了网站客服，客服说钟某因操作失误才导致账户被冻结，需要充值与提现金额同等的金额才能解冻，之后钱会一并返还，同时客服发了一个付款二维码。

为了顺利提现，钟某扫码支付了3200元，此时他的网址账户内显示余额6400元。可是再次操作提现时，仍然显示操作失误账户被冻结。客服仍回复，需要支付翻倍金额12800元才能解冻账户。钟某因手头上没有这么多钱，于是找朋友借钱，分四次扫码支付了足额金额后申请提现，没想到这个网址链接突然断开，对方的QQ也把他拉黑删除了。钟某这才意识到被骗。

5. 游戏外挂

小张平时喜欢玩“和平精英”网游，听说通过“游戏外挂”可以在游戏中看到敌人的位置、拥有的装备以及载具刷新的位置，还有其他辅助小功能。于是在网上搜索找到了一个卖这款游戏外挂的商家。添加对方微信后，对方“拉”小张进了一个微信群，并向他介绍了一个外挂软件，谈好价格后，对方让小张直接在微信群中以发红包的形式付款。小张先发了几个100元的红包，对方发送了一个软件的压缩包，并告诉小张需要666元“激活”该软件，之后会把激活费退回。小张没有多想，又通过扫描二维码的形式付了款，但是之后发现游戏外挂仍然不能正常使用，而对方又以外挂软件需要“充值”等理由让小张继续发红包。小张察觉到不对，便要求对方返还钱款。可对方不但没有回应，还直接把小张“踢出”了群聊，微信号也被拉黑了。

6. 防沉迷限制

阿园是一名14岁的中学生，暑假常常和几个要好的同学相约一起玩“王者荣耀”。但是每每玩不到尽兴，阿园就因游戏“未成年防沉迷系统”的限制而无法继续游戏。阿园想在假期玩个痛快，就在网上尝试搜索解除游戏时间限制的方法，但一直没有找到。

直到有一天，阿园在一个“王者荣耀”游戏群中看到一个网友在群内发信息说，他可以帮忙解除游戏时间限制，询问是否有人需要，还发了几张限制解除成功的截图。阿园很高兴，立刻加了该网友的QQ号。对方告诉阿园，需要提供绑定游戏的QQ账号和密码，由他登录阿园的QQ操作，解绑费用为200元，需要先支付。

阿园满心欢喜，把账号、密码都告诉了对方，并扫码支付了200元。对方收到钱后说很快搞定。可过了一会儿，对方告知阿园，他的QQ因为实名认证被设置了双重保障，需要再支付 300 元解除费。阿园觉得有道理，便又支付给对方 300 元。不久后，对方称自己解除完毕，2 个小时后再玩游戏就不会被限制了。

就在阿园满怀期待的时候，同学小庄打电话给阿园说借钱的事。阿园很惊讶，说自己并没有找小庄借钱，这才突然反应过来，再登录 QQ 时发现自己的密码已经被改过了。阿园找回密码后发现，“自己”给好多 QQ 好友发消息借钱，已经有几个人答应在微信上转钱给“自己”了。阿园很是愧疚，不仅自己被骗了，还导致许多同学也陷入了骗局。

二、骗术解析

网络游戏诈骗是近年来随着网络游戏的快速发展演变出的一类新型诈骗。诈骗团伙以网络游戏为媒介，在网络游戏中寻找诈骗对象，以“低价代充点卡”“交易游戏账号”“出售游戏装备”“高手代练”以及“修改游戏后台数据”等为噱头，利用受害人对网络游戏的沉迷、贪图便宜等心理，精心设套，骗取受害人的钱财。一般来讲，网络游戏诈骗分为以下几步：

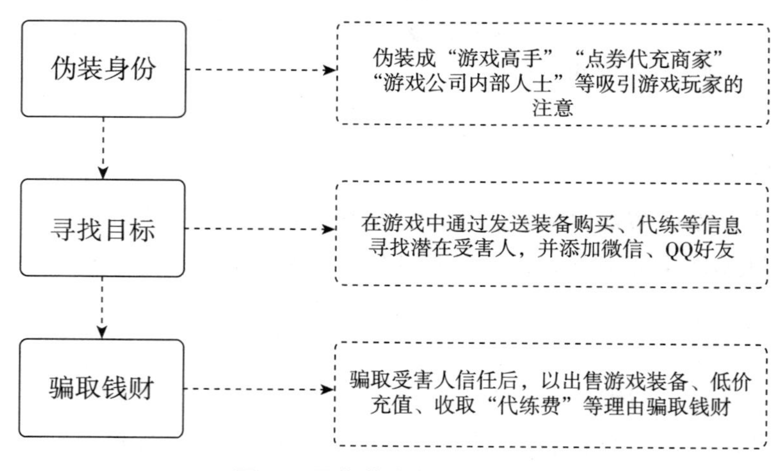

图 11　网络游戏中的诈骗流程

第一步：伪装身份

在网络游戏诈骗中，骗子的诈骗对象是游戏玩家，因此，骗子在身份上需要伪装成“网游高手”“低价在线代充值商家”“外挂商家”等，以吸引不同游戏玩家的注意，为后续实施诈骗奠定基础。例如，在网络游戏账号交易诈骗中，骗子通常将自己伪装成游戏小白、游戏新手，向受害人表达出羡慕其游戏装备的豪华，想要购买受害人游戏账号的意愿，如此引诱受害人进入诈骗圈套。总的来说，在不同的场景之中骗子所伪装的身份各有不同。

第二步：寻找目标

网络游戏诈骗是个较为特殊的诈骗类型。在整个诈骗过程中，骗子获得受害人信任与骗子寻找潜在诈骗对象结合在一起。简单来说，骗子通常借助网络游戏平台这一媒介发送诈骗信息、挑选诈骗对象，并且在受害人看到诈骗信息主动上门咨询，或是在骗子挑选诈骗对象过程中，骗子就已经逐步获取了受害人的信任。在这一过程中，骗子也会要求双方互相添加为微信、QQ 等社交软件的好友，以便为后续的诈骗、转款创造条件。

第三步：骗取钱财

完成上面两个步骤后，骗子就会把握时机，寻找机会骗取受害人钱财。在不同的网络游戏诈骗中，骗取钱财的手段也不一样。例如，代练骗局中的“代练费”、账号买卖骗局中的“买账号的费用”、低价充值骗局中的“充值费用”等，有些套路比较深的骗局中还会出现“解冻费”“保证金”等。不过，在转款渠道上，使用最多的是要求受害人通过第三方支付的收款二维码直接扫码付款。

三、防范建议

近年来，网络游戏以肉眼可见的速度迅速流行起来，广大网民日常娱乐、相约开黑，畅享网络游戏已成为当下主流的娱乐方式之一。随着网络游戏越来越火爆，涉及网络游戏诈骗的案例也越来越多。为了防止大家“中招”，笔者建议从两个方面加强防范：

一是提高安全意识。

目前游戏诈骗层出不穷，不法分子利用游戏玩家沉迷游戏、争强好胜、急功近利的心理实施诈骗，以“高手代练”“低价代充点券”“低价出售游戏装备”等诱骗玩家，从而进一步骗取玩家的钱财。广大玩家要提高安全意识，不要轻信官方以外的任何充值、升级、认证方式。不要随意通过微信给陌生账号转账，在游戏中做出转账或消费决定前，应再三斟酌确认，避免误入骗子的圈套。

二是认准权威网站。

在游戏中购买金币、交易装备等游戏道具是较为常见的事，但是在骗术层出不穷的今天，广大玩家在进行购买金币、交易装备、购买游戏点卡点券以及交易游戏账号等操作时要注意分辨真伪，认准权威网站，选择正规渠道，切勿贪图小便宜。凡是涉及金钱交易的操作行为，玩家应当尽量在权威网站上进行，不轻信游戏玩家发布的低价信息，不点击陌生网址，谨防上当受骗。

第十二章 虚构危情诈骗

“喂，你是××的妈妈吧，你女儿现在在我手上，立马给我转 20 万赎金来，不许报警！否则我们就撕票！”如果你接到这样的电话，你会怎么办？近年来，电信网络诈骗犯罪猖獗，严重危害着广大人民群众的财产安全和合法权益，已经成为全民公害、社会“顽疾”。犯罪分子的诈骗手法不断变化升级，冒充绑匪诈骗、虚构车祸诈骗、虚构手术诈骗、发送虚假淫秽照片勒索诈骗、冒充黑社会寻仇勒索诈骗等制造虚假危情的诈骗层出不穷，他们利用受害人急于摆脱危局的心理，让人防不胜防。

一、以案说骗

1. 绑架

一日，蒋女士就接到了“绑匪”打来的电话，“喂，你是婷婷的妈妈吧，你女儿现在在我手上，立马给我转 2 万元赎金来，不许报警！否则我们就撕票……”电话里还有女儿哭泣求救的声音，蒋女士惊慌失措，立马向“绑匪”提供的账号转了 2 万元。随后，“绑匪”又打来电话，称“你女儿刚才把我们的一个兄弟咬伤，现在的事情严重升级了，你知道吗？你必须再转 5 万元，否则今天就是你女儿的忌日！”

蒋女士十分害怕“绑匪”会因此伤害自己的女儿，表示一定要与女儿通话，确认女儿的安全。突然，电话里传来了一声大叫“妈妈”和女孩的哭声，蒋女士听着好像是女儿的声音，但又不敢继续要求绑匪，支支吾吾地表示现在手上没这么多钱，随即电话内传来殴打和更惨烈的哭喊声，绑匪称“少给我废话，先转 2 万元，剩下 3 万元限你下午 5 点前转过来”。蒋女士只好先转了 2 万元给绑匪，然后找亲友借钱，并在亲友的提醒下拨打了女儿的电话，发现女儿并没有被绑架，自己是遇到了骗子。

2. 车祸

一日，沈女士接到一陌生电话，电话里，一名女性自称是××医院的护士。这名护士告诉沈女士，她在外地读大学的女儿突然遭遇车祸，已经送到医院急救，目前昏迷不醒，但医院有规定，一定要先汇款 2 万元到医院的账户方能动手术。沈女士心急如焚，立刻汇了 2 万元到指定的账户。随后，护士再次来电，“您女儿现在的情况不乐观，需要进行开颅手术，必须使用国外进口的材料，手术费 10 万元，请将钱转到医院账户里。”

由于金额较大，沈女士前往银行汇款。其间，沈女士尝试拨打学校及女儿的电话，但一直未能拨通。银行柜台的人员在询问沈女士汇款事由时，发现收款账号的开户地和沈女士女儿学校所在地不一致，提醒沈女士对方很有可能是诈骗，建议先报案了解情况。接到报案后，民警帮助沈女士查询到了当地医院的电话号码等信息，经过电话了解，发现当天并没有因车祸送院抢救的人员。沈女士仍十分不安，但随后其女儿回拨了沈女士的电话，称自己刚才在看电影没听到电话响，沈女士才明白自己被骗了。

3. 手术

一日，家住上海的张女士接到一个电话。电话里，一个自称某商学院“辅导员”的男子告知她，“您是××的母亲吗？您的儿子小凯在教室晕倒，已经送往医院，现在亟须进行胃部手术，需要汇款 2 万元，医院说如果不交钱，不给做手术。”随后通过短信发给张女士一个收款账户。爱子心切的张女士顾不上多想，便打车来到最近的银行进行汇款。

刚转完账，又一个电话打了进来。电话里，自称“医生”的男子告诉张女士，她的儿子快要死了，胃已经切除了一半，需要马上输血，要求再次汇款 2 万元。虽然再次汇款时，银行的工作人员提醒张女士打电话确认情况，但是一心只牵挂着孩子的张女士执意再次汇款。张女士汇款后，再次打电话想确认孩子的情况时，却发现“辅导员”和“医生”电话皆已关机。这时她才想起打电话给自己的孩子，结果发现小凯一切正常，并未晕倒入院，原来是自己被骗了。

4. 黑社会

一日，家住河北承德的任先生突然接到一个陌生来电。“你是任××不？你得罪人了，我是黑社会的，他花钱雇我，让我手下兄弟收拾你的家人。”听到这里，任先生虽然心里一惊，但很快又冷静了下来。心想自己平时与人为善，并没有得罪过什么人，而且也在新闻中听过有人冒充黑社会诈骗，自己不会是遇到骗子了吧。

见任先生不信，对方随即把任先生的身份证号、家庭住址和孩子的姓名、就读学校等信息报了出来。一看对方把自己的情况了解得这么清楚，任先生瞬间又紧张了起来。随后这个自称“黑社会”的人告诉任先生，他可以花钱消灾。为确保家人安全，任先生决定花钱买个安心，根据对方短信发送的银行账户，给对方转了 2 万元。

汇完钱后，任先生回拨刚才的电话，对方说放心吧，这事已经帮他解决了，并告诉任先生这事不许跟别人说，也不许报警。任先生之后还是无法心安，将此事告诉了家人，在家人的提醒下才发现自己可能真的遇到骗子了，随即到派出所报案。

5. 嫖娼

去年 8 月的一个下午，赵某接到一个电话，对方在电话中自称是赵某的朋友“林某”，并对赵某讲次日要到赵某所在的城市游玩，要其招待。赵某记起自己有个大学同学叫林某，不过好久没联系了，这次能来自己的城市也很难得，就爽快地答应了。

第二天一早，“林某”打来电话，语气没有了昨日的轻松，反而十分慌张。“林某”称其和朋友在市里嫖娼被公安机关抓到了，需缴纳 3 万元的罚款，希望赵某能帮一下忙，救救急。接着，“林某”就提供了一个建设银行账号给赵某。赵某出于对老同学的义气，就从网上银行转了 3 万元到该建设银行账户。十多分钟后，那个自称“林某”的人又打电话给赵某，称刚才那张卡没有磁条了，并叫赵某再打 3 万元到另外一个朋友的建设银行卡上。赵某心想帮人帮到底，就又在网上银行转了 3 万元到新账户。

大约过了半小时，这个自称“林某”的人再次打电话给赵某，称公安机关认为其涉嫌贩毒，需要交 8 万元的取保费，要赵某继续帮忙。赵某这时起了疑心，马上通过其他老同学核实林某的情况，结果发现此“林某”非彼“林某”，自己是遇到了骗子。

二、骗术解析

制造虚假危情类诈骗是手段较为恶劣的电信网络诈骗手法之一，它以虚构险情的方式，通过捏造各种意外和不测，在受害人惶恐不安时实施欺诈。在实践中，大量受害人被骗后不仅财产受损，更是产生了严重心理损害。

在虚构危情诈骗中，骗子的诈骗套路一般分为以下几个步骤：

第一步：获取公民个人信息

在所有虚构危情诈骗中，骗子都需要以精准的公民个人信息为基础，并以此在后续诈骗中获取受害人的信任。有些骗术甚至需要非常全面的公民个人信息，如冒充黑社会寻仇勒索诈骗。因此，在实施诈骗前，骗子会通过各种非法途径收集、购买大量公民个人信息。

第二步：编造剧情

只有公民个人信息仍然是不够的，必须还要有逼真的话术才能真正骗到受害

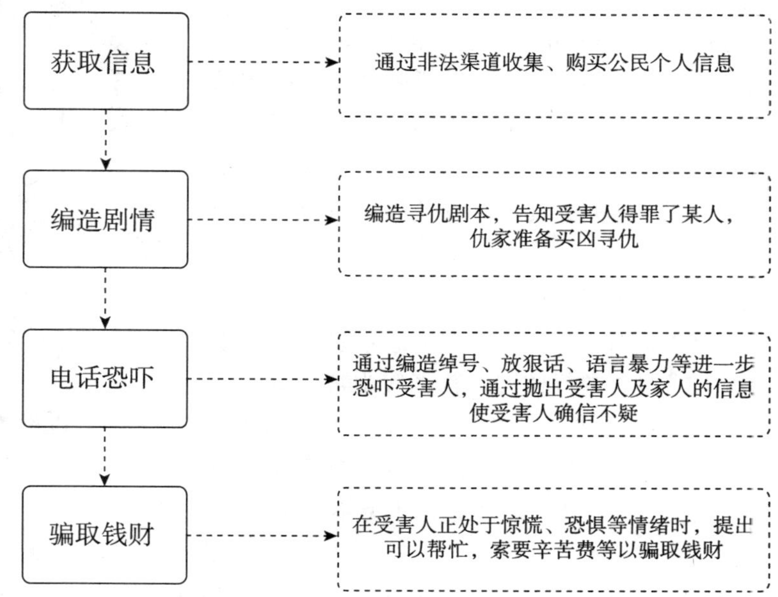

图 12　冒充黑社会寻仇勒索诈骗流程

人上当。虚构危情诈骗的话术是围绕“危情”展开的，不仅要让受害人信以为真，还要让受害人足够恐慌，只有这样才能让受害人上当受骗。

第三步：电话诈骗

在前两步准备的基础上，骗子会直接采用打电话的方式与受害人取得联系，进而通过抛出受害人个人信息，虚构事关受害人及其家人安危的情形，制造万分紧急的氛围，诱使受害人彻底相信自己。

第四步：骗取钱财

当受害人彻底相信了“危情”的存在，骗子就会指挥受害人将钱款转账至指定的银行账户，完成诈骗。而在有些套路比较深的骗术中，骗子还会在受害人初次转款后，继续编造理由，诱骗受害人继续转账。

三、防范建议

一是遇事冷静，切莫慌张。

在接到关于孩子被绑架、出车祸的电话、短信后，请不要慌张，应立即通过

电话向自己的孩子进行核实。如不能及时取得联系，应第一时间和与孩子关系密切的同学取得联系了解情况；或向子女就读学校、辅导员、老师等反映情况并核实信息。小心使用手机名片标注功能，以防手机丢失时，重要联系人信息被骗子盗用。建议及时整理通讯录，对重要联系人（如爸爸、妈妈、儿子、女儿等）可以用其他昵称进行备注。

二是切勿轻信，核实信息。

接到亲人遭遇车祸、须动手术等紧急信息后，当事人应立即向家人或朋友进行核实。若真假难辨，应找人商量或报警求助。不清楚、不确定时可拨打 110 求助。无论骗子表演什么花招，他们的最终目的，就是让你给他们转账。一定要记住，不核实清楚，千万不能转账。

三是不听、不信、不汇款。

一旦接到冒充黑社会寻仇勒索诈骗的电话，不要慌张，对此类人员不必理会，可选择立即报警。无论何种诈骗手法，其目的都是骗钱。如果碰到“危情”+“转账”的情形，一定不能轻易相信，更不能直接按照对方要求转账。一定要记住，不核实清楚，千万不能转账。

四是加强对个人信息的保护。

虚构危情诈骗肆虐的一个最重要的原因就是个人身份信息的泄露。因此，在日常生活中，一定要注意保护好个人及家人的隐私信息，在网络上要谨慎填写个人信息，使用手机软件尤其是在软件商店以外下载的手机软件要谨慎授权，以防个人信息被不法分子利用。

第十三章　以提供非法服务为名的诈骗

嫖娼、赌博、帮助考试作弊等在我国都属于违法行为，但由于种种原因，这些违法行为却始终存在巨大的市场，且屡禁不止。在电信网络诈骗中，也存在一类与这些违法行为相关的骗术。在这类骗术中，骗子打着可以提供各类违法服务的幌子，诱使受害人上当。这些服务由于是与违法甚至犯罪活动相关，很多受害人被骗后只能是“有苦说不出”，也不敢向公安机关报案。骗子正是利用受害人的这种心理，有恃无恐，大肆实施以提供各类非法服务的诈骗。

一、以案说骗

1. 网络招嫖

今年25岁的熊先生是一名国企员工，因工作需要时常前往全国各地出差。去年8月初，熊先生出差来到××省××市，准备开展为期一周的调研活动。这天，因为没有工作安排，熊先生便一直在酒店玩手机，没有外出。其间，熊先生无意中点开了微信中“附近的人”。

在微信“附近的人”中，熊先生看见了一个名叫“深夜寂寞”的微信女用户，并且发现此女子以非常具有诱惑性的照片作为微信头像，便添加该女子为好友。不一会儿，熊先生与该位女子开始了短暂的聊天。在聊天过程中，该女子给熊先生发送了几张自己穿着较为暴露的照片，并表示只要熊先生支付600元就可以为其提供上门“服务”。

熊先生见该女子长相、身材都很好，自己在酒店也很无聊，便起了色心，但出于谨慎，他要求该女子到酒店后才进行转账。一段时间的交谈之后，女子同意了熊先生的条件，但也向熊先生提出，为确保熊先生的诚意，防止自己白跑一趟，要求熊先生先支付100元定金。熊先生觉得这个要求很合理，便毫不犹豫地通过微信给该女子转了100元。

随后，该女子对熊先生说自己已经出门，要求熊先生告知酒店地址以及房间号，并拍摄房卡照片为证。这一举动彻底让熊先生放下了戒备之心，将自己的酒店地址以及对应的房卡照片发送给了该女子。看到此信息后，该女子对熊先生说，这个时间点已经没有公交车了，需要搭乘出租车前往熊先生所在酒店，要求熊先生预付车费，熊先生对此深信不疑，立即又给该女子转账200元作为车费。

然而在收款之后，该女子却突然变脸，告知熊先生其行为已涉嫌嫖娼，自己已将聊天记录全部保存，要求熊先生再支付5000元作为“封口费”，不然会向公安机关报案。熊先生顿时被吓得手足无措，无奈之下再一次向该女子转账5000元。事后，熊先生对整件事情进行梳理时才发现自己被骗了，此时骗子已经将其拉黑，不知所踪。

2. 网络赌博

去年 4 月上旬的一天，佘先生接到一个陌生电话，对方声称自己姓吴，是“中彩网”的工作人员。吴某告知佘先生，他有网站购买博彩的内部福利，因业务需求，现在处于拉人阶段，佘先生如若早加入便可以早赚钱，后加入的可能就无法享受到这项红利。听到这一消息，佘先生觉得自己平常也有小赌的习惯，试试也无妨。于是，佘先生立即答应了，并与对方互相添加了微信好友。

随后，两人聊得十分投机，不一会儿吴某就通过发送二维码的方式向佘先生推荐了他所说的“中彩网”，告诉佘先生只要在这个网站中投注，一定会赢钱。在前期投注过程中，佘先生较为谨慎，一直都在用小笔资金试探。几次小额投注之后，佘先生发现自己按照吴某的指示进行投注确实小有盈利。没过几天，吴某对佘先生说，随着加入此活动的人越来越多，以后盈利的机会将会减少，让佘先生一定要赶上盈利的“末班车”。

由于前期多次盈利，佘先生对此深信不疑，于是开始逐步加大投注额度，但是很快发现随着投注金额的增加赢的概率却大大下降，一天之内一万余元输得精光。佘先生感到疑惑，将此情况反映给了吴某。吴某说那一定是项目参与人太多，继续加大投注额度一定可以提升盈利概率。为了追求更大的盈利概率，佘先生继续加大了投注额度，但是换来的结果还是输得精光。而当吴某再次劝说佘先生继续充值，加大投注额时，佘先生才猛然意识到自己可能被骗了，找吴某要说法的过程中被吴某拉黑。

3. 私家侦探

周女士今年 35 岁，最近她觉得老公对自己的陪伴越来越少，并且怀疑老公已经有了外遇。一日，周女士在浏览网页过程中看见网页上有“私家侦探”的微信号，便主动添加了该“私家侦探”为好友。

添加之后，周女士将自己的情况告诉了“私家侦探”，希望对方可以帮助自己找到丈夫出轨的证据。听完周女士的介绍后，“私家侦探”表示可以调查，但是根据情况的复杂程度，收取不同的费用，而且需要预付“定金”。周女士为了查明真相，二话不说，先向“私家侦探”支付了 1200 元的“定金”。过了五天，“私家侦探”要求周女士提供其丈夫的身份证，声称有了身份证才能更快地破解微信、QQ 等密码，这样才能更快地搜集其丈夫的出轨证据。但是，周女士不愿意提供丈夫的身份证，“私家侦探”又称，不提供身份证号码则需要另外花钱购买身份信息，为此周女士再一次向“私家侦探”支付了1000元信息费。

又过了一周，“私家侦探”主动给周女士打电话，说证据已经搜集完毕，并且通过微信发送了几张截图给周女士，声称已经“攻破”了周女士丈夫的微信号。随后，“私家侦探”再一次要求周女士将余款付清。周女士一开始不同意，可对方说证据已经搜集完毕，如果周女士不将尾款结清，证据是不会交给她的。因为前期已经支付了那么多钱，周女士虽然对于“私家侦探”频繁的要钱行为心存怀疑，但是也不愿意放弃，就付清了剩余的3200元。在周女士结清尾款之后，很快便发现自己的微信已经被对方拉黑，对方的电话也无人接听。事后，周女士细细回想才发现自己被骗了，不光证据没有拿到，还平白无故损失了近5000元。

4. 考试作弊

小王和她的男朋友都是某大学的大四学生，为了寻求更多的就业机会，两人准备一起参加了省里的公务员考试。备考中的一个下午，小王收到了一条“可以提供公考答案”的短信，开始她不太相信，后来又连续收到几条这样的短信，王女士有点动摇了。她想，自己用功复习了这么长时间，别人能够利用这个捷径得到好的成绩，未免太不公平。于是她通过QQ与对方进行联系。

在QQ聊天过程中，对方声称其组织庞大，有内部关系可以在公务员考试试题的印刷、运输等环节将试题拿到手，并表示他们知道所有参加此次省考考生的信息。为验证对方所言真假，小王报上男朋友的名字，对方很快将其男友的身份证号、手机号等报考信息发了过来。小王震惊了，彻底相信了对方，并且与对方商定了两门考试答案7000元的优惠价格。第二天，小王便急匆匆地将7000元汇至对方提供的银行账号，同时对方提出让小王申请一个邮箱，并设置统一密码，承诺考试前一周会将公考的试题以及答案发送至该邮箱。

时间来到了考试前一周，小王登录邮箱发现邮箱中有一个压缩包。将压缩包解压时，小王发现压缩包解压需要密码。于是，小王通过QQ向对方询问解压密码，对方表示需要再交5000元的“保密费”才能给她密码，保密费用来确保小王不与他人共享试题，并且这笔钱会在考试结束后退还给她。基于前期对对方的信任，小王通过支付宝再一次向对方转5000元。当对方收到“保密费”后，又要求小王支付8000元的“内部人员风险承担金”，至此小王才发现有些不对劲，没有继续转钱，随后便向警方报案。

5. 记录消除

成成因醉驾被交警部门吊销了驾驶证，并且五年内不得再次考取。不能开车实在不方便，于是，成成就上网寻找可以尽快恢复驾照的方法。经过搜索，在百度贴吧里，他看到一个可以帮忙消除醉驾档案的信息，于是根据该信息中所留的联系方式添加了对方的微信。

添加对方微信后，成成就问对方如何才能尽快恢复驾驶证。对方称交纳 4 万元的费用，便可以帮其恢复驾驶证。成成一听需要这么多钱，便想先转一部分钱给对方，等办好之后再付尾款。对方却称，必须一次性付清，否则无法办理。成成还是心有顾虑，毕竟没有见过面，便问对方具体是怎么消除。于是，对方就跟成成视频，给他看了一个上面有警徽和“公安”字样的网站，而且能查询到他的醉驾档案和个人公民信息，成成便放下疑虑，一次性把钱都转了过去。

转完账后，对方让成成第二天早上 9 点去车管所等他，但是一直等到下午五点，对方也没有现身。相反，对方在微信上跟成成说还要缴纳 1 万元保证金，才能见面。这时，成成开始怀疑对方，并要求对方退款。对方告知成成，退钱是不可能的，然后就把成成拉黑了，成成这才发现自己被骗了。

6. 证书挂靠

一日，东东的微信收到一个好友申请。通过后，对方问东东是否需要职业资格证书挂靠，挂靠的话每年可获得 7 万元左右的收益，而且一般可以连续挂靠五年。东东想到自己有一个“全国信息与通信技术人才专业技术证书”，正好可以借此机会赚钱，就表示希望对方帮忙挂靠。之后东东按照对方的要求，跟着对方操作并且提供了相关材料给对方。后来对方告诉东东办理得差不多了，但是要收取手续费，手续费一共是人民币 3980 元，东东通过对方发来的二维码分两笔转账给对方人民币 4000 元整。转账后对方又要求东东交挂靠金的税费，东东觉得自己被骗了，要求对方退钱，结果对方立刻把东东拉黑了。

7. 色情直播

兆兆在网上看小说时，突然弹出了一个广告网页。网页上是一个穿着暴露的女子，该网页看起来像是直播平台。根据页面显示，这个直播平台只需充值 10 元就能进入房间。

兆兆根据页面提示充值 10 元，一进入房间就看到一名女子正在跟大家打招呼，但是听不到声音，都是在直播视频下方发文字。对方表示开会员可以随便进直播间，兆兆就又充值 200 元开通会员，但是发现仍不能进，就去询问了刚开始的直播间客服。结果客服说需再充值 500 元开通房间号才能进去，兆兆就又充值人民币 500 元，紧接着页面公告便提示成功开通房间 8898，结果还是进不去。兆兆又去找客服，对方说还要充值人民币 3500 元买钥匙并以礼物的形式发给主管，而且是要分两次充，进入房间后可以全额返还。兆兆心想 3500 元可以全额退回，便没有顾虑分别充值了 2000 元、1500 元，并在直播间里买虚拟币购置礼物，直接送出了。

但是之后，兆兆发现仍进不了直播间，询问原因，客服又说兆兆送错了礼物，应该送一个 3000 元的。对方让其再次充值 3000 元就可以退回全额 6500 元，兆兆此时只想着能够把自己的钱全退回来，所以又充值了 3000 元。进入直播间后，客服却称还要送 5000 元礼物，才能进入退款程序。兆兆感觉很无奈，但是已经投入了很多钱，为了让对方把之前的资金退回，兆兆只能继续充值。赠送完 5000 元礼物后，终于开启退款模式，但是上面显示兆兆账号异常，如果要消除异常需要继续充值 6000 元，此时兆兆终于意识到自己被骗了。

二、骗术解析

以提供非法服务为名的电信网络诈骗，是诈骗分子将骗术与违法犯罪活动相结合，以企图通过非法活动寻求刺激、获取非法利益或实现其他个人目的的人群为诈骗对象，利用受害人被骗后因自身原因不敢报案的心理大肆作案。

此类诈骗一般分为以下几个步骤：

第一步：广发信息

以提供非法服务为名的诈骗在大多数情况下，是一个“愿者上钩”的过程。因此，这类骗术在大部分情况下，骗子都不需要提前收集公民个人信息，只需要广发虚假信息，吸引潜在受害人的注意，等待受害人自愿上钩。而发布虚假信息的渠道多种多样，可能是打电话、发短信，也可能是网络广告、短视频和直播等形式。

第二步：添加好友

添加为微信、QQ 等社交软件的好友，对于此类诈骗是非常必要的。尤其是在

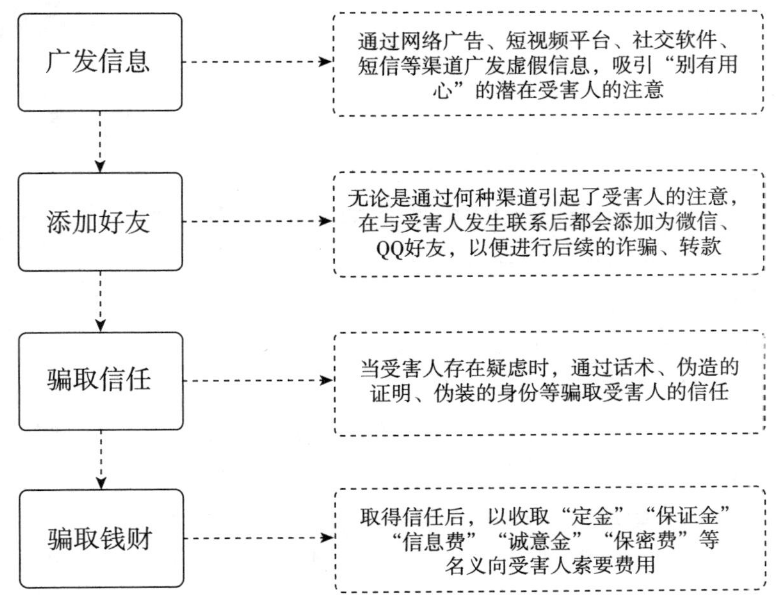

图 13　以提供非法服务为名诈骗流程图

通过网络广告、短信、电话、短视频平台等形式发布虚假信息的情况下，添加具备转账功能的即时通信软件的好友，既有利于骗子接下来与受害人保持联系，也有利于在诈骗成功之后指挥受害人直接转款。不过，在部分骗术中，添加好友这一环节与发布虚假信息是合二为一的，如发布的信息中直接附带了微信号。

第三部：骗取信任

取得信任是所有诈骗环节中至关重要的一环，决定着诈骗能否实施成功。这一步在其他类型的诈骗中或许会有很多环节，表现得很复杂，但在以提供非法服务为名的诈骗中，这一步在很多情况下甚至是不存在的，因为此类诈骗的受害人大多是在“别有用心”的情况下主动与骗子取得联系的，并且直接选择相信骗子。当然也有心存疑虑的受害人，这时骗子就会通过伪装好的身份、设计好的话术、伪造的证明等手段打消受害人的疑虑，骗取受害人的信任。

第四步：骗取钱财

当取得受害人的信任后，骗子就会要求受害人转款。转款方式在此类骗术中，以通过微信、QQ、支付宝直接转账的占大多数，通过网银转账的较少。而骗子要求转款的理由是多种多样的，“定金”“保证金”“信息费”“诚意金”“保密费”等在不同的骗术中，都会成为骗子向受害人索要钱款的理由。

三、防范建议

在与违法犯罪活动行为相结合的诈骗中，受害人大多是明知违法却仍想通过违法行为满足个人的需求，而骗子正是利用了受害人这一心理大肆行骗，甚至在被识破后以“举报”“曝光”相威胁，继续敲诈受害人。对于此类诈骗，笔者建议从以下几个方面加强防范：

一是洁身自好。

俗话说，苍蝇不叮无缝的蛋。要想防止被网络招嫖诈骗和网络色情直播诈骗，首先要做到洁身自好。嫖娼、色情直播等都是违法行为，也都是有违道德规范的行为。在日常生活中，我们应远离这些低级趣味的东西，不仅是为了防骗，也是为了让自己远离各种不必要的麻烦。

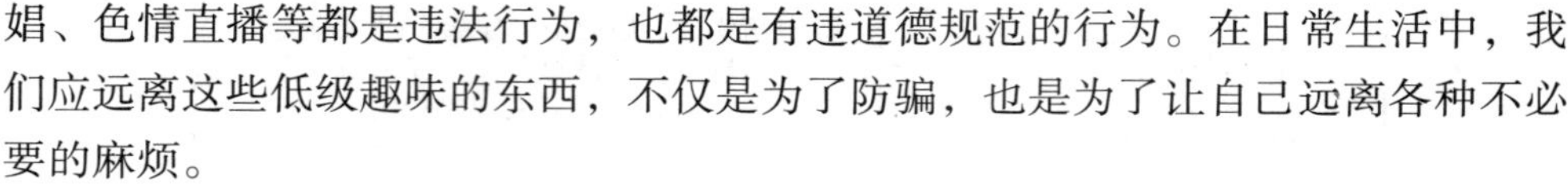

二是远离赌博。

俗话说，十赌九骗。这句话不无道理，网络赌博、网络博彩实际上就是虚拟的赌场，一旦入套，稳输不赢。赌博、非法博彩不仅是违法行为，长期参与赌博给个人发展、家庭稳定都会带来毁灭性的影响。因此，我们应远离赌博，千万不要抱着打发时间、好奇的心理去尝试，更不要想靠此牟利。

三是遵纪守法。

除网络招嫖、网络赌博外，实践中还存在很多以提供非法服务为名的诈骗，如私家侦探骗局、考试作弊骗局、违章消除骗局等。可以说，只要有人想通过非法途径为自己谋取不正当的权益，就会有相对应类型的骗局存在。因此，要想彻底远离以提供非法服务为名的诈骗，就要从心底树立起遵纪守法的观念，不违法、不踩线，也就不会给骗子留下可乘之机。

第十四章　虚假代办类诈骗

在日常生活中，我们常常会碰到一些特殊情况，比如，着急看医生却只能挂到一周以后的专家号，想尽快办完房屋过户手续却因为不知道具体的流程、要求，跑了几趟也没有办完，想办成一件事却因为自身条件稍有欠缺或总遇不到合适机会而始终未成。当我们遇到此类情况时，总想着要是能有人帮帮我们该多好呀，哪怕花点钱也行，各类“代办”业务由此而生。而骗子也从其中看到了机会，他们通过各种网络途径精心推出各种代办业务广告，吸引受害人的注意。一旦骗取受害人的信任，骗子就会以各种理由索取钱财，不仅给受害人带来经济损失，还耽误了受害人办理各项业务。

一、以案说骗

1. 代购机票

家住大连的张女士想在十一期间去北京玩，便上网搜索“特价机票”，搜到一个“400”开头的电话，并标注是国内某大型航空公司的客服电话。张女士便直接打通电话，对方称可以提供10月1日大连到北京的机票，原价710元，现在打折370元，不含燃油费和机建费，剩票不多，要赶快订。

张女士对比了一下其他渠道售卖的票价，370元确实便宜了许多，便将自己的身份信息告知了客服，将票款转到对方指定账户。随后，张女士致电询问，对方称未收到票款，机票已售完。张女士要求退款，对方表示未收到票款无法退款，可能是系统出现了延迟，导致张女士的支付信息没有及时提交，告诉张女士可以添加票务管理员的微信号解决问题。张女士只好添加了对方给的微信号。

票务管理员告诉张女士，经过核实，刚刚确实收到了张女士的转账，但由于同一航班的资金是统一结算的，需要先交300元“保证金”，才能提前取出。之后，“保证金”会和票款一起原路退回至张女士的账户。张女士只好又转了300元，但当张女士再次向票务管理员询问时，发现自己已经被拉黑，拨打客服电话也无人接听，才发现自己被骗了。

2. 代发论文

王女士是某事业单位的一名正式职工，由于评职称需要在期刊上发表论文。多年不执笔的王女士十分烦恼。一次偶然的机会，王女士听网友说网上有人做“代发论文”的生意，声称只要给钱，国家级刊物都能上。抱着试试看的态度，王女士通过网络搜索，果真搜到了不少代发论文的“商家”。

随后，她精心挑选了一家，并通过添加网页上所留的微信号联系上了对方。对方声称不仅可以代发论文，甚至可以根据专业需求提供代写服务，并保证代写的论文能够见刊。商定好价格后，王女士便给了对方3000元定金，约定文章写好经王女士确认后再行刊发。

不久后，王女士收到文章，发现内容果真与自己提供的课题相关，但是文章并无什么创新性，按照正常情况应该很难刊发。可此时，对方却再次向王女士保证，只要给发稿费就能上国家级期刊。经受不住诱惑，王女士便向对方再次转了5500元余款。可这次转账后，王女士就再也没能联系上对方，本来说好能在某期刊刊发的论文也一直没有刊发。意识到被骗后，王女士向公安机关报警了。

3. 代办贷款

俊俊在微信朋友圈看到“微生活一站”发布的广告，内容是借呗申请补助，里面还有个二维码。俊俊因需要用钱，就扫描里面的二维码加了对方的微信，并问对方是否能帮其在支付宝的借呗里借钱。对方说可以代办贷款，然后让俊俊把身份证件发给“微生活一站”，由他来操作。俊俊把证件发过去后，对方说要收取借呗额度百分之二的费用，后“微生活一站”发了一个借呗里能借款74200元的图片，让俊俊交1484元的“手续费”。俊俊就把钱转给了对方，之后对方又说如果想要这笔钱快速转到自己的支付宝，需再交3800元的“激活费”。因俊俊说没有钱，对方说如果没钱就不能给其办理。俊俊便要求退还之前的“手续费”，对方就把他拉黑了，他这才意识到自己被骗了。

4. 代换美元

超超在留学生微信群里看到一个叫Tom的群友发信息称可办理人民币换美元的业务，而刚好自己需要兑换，然后就联系了Tom。Tom告诉超超会有另外一个微信加他进行办理。对方加上超超的微信后，直接表明是换钱的。双方谈好兑换的比率后，超超就把人民币打到了对方的银行账户上，并且转账记录显示已经成功转入。但对方却称自己没有收到钱，并称可能是由于跨国转账，银行系统有延迟，让超超等一会儿，确认收到款后便会把美元打入超超账户。但等超超再次追问时，发现已经被对方拉黑了。

5. 代办信用卡

苏先生上网时，在一个跳出来的广告窗口中看到可以申请快速办理信用卡。出于好奇，苏先生就在该网页填写了自己的个人申请资料。第二天，他接到一名自称是某投资担保有限公司经理的电话，询问其要办理什么额度的信用卡，并告知苏先生只需提供办卡的手机号码、身份证号和收卡地址就可以马上办理信用卡，但需要300元资料费。

苏先生一听要交钱，有些迟疑，该经理又说，自己的公司是专业机构，与银行有合作关系，手续简单，办理迅速。苏先生被说服，便给该经理提供的账户汇款300元。三天之后，他便收到了一张额度为3万元的信用卡。这时，苏先生又接到经理电话，告知其若要开卡，需要再交1000元的“激活费”。苏先生想着卡已经办好了，这1000元如果不交，那之前的300元就打水漂了，而且如果自己去银行申请办理信用卡，是绝对开通不了3万元那么高的额度的，于是咬牙又给该经理汇去1000元。

苏先生以为自己终于能使用信用卡了，谁知他又接到一个电话。一名自称“银行担保科工作人员”的女子告知苏先生，为了证明其有还款能力，还需交一笔担保费用才能开通此卡。信以为真的苏先生就这样，先后5次向该工作人员提供的银行账户汇了钱。等到苏先生意识到自己被骗时，已经汇出106500元，心急的他立刻向警方报案。

6. 代办资格证

一日，小张在朋友圈看到一个微信好友转发的一条广告，称可以代办“建筑施工特种作业操作证”。正好小张和一些工友需要办理这个证，就添加了广告中所留的微信号。添加成功后，对方称能办证件，但办一个需要2600元，办理要先付一半的钱，另外还给小张推送一个名称是“办证小王”的微信号，让其把办证的钱转到“办证小王”这个微信号。因为另外几个工友也需要办理，所以小张一共转账26000元，对方答应三天左右可以拿到证。

过了两天，对方联系小张，说要请相关人员吃饭，以便加快办证速度，让小张再转4000元给小王，并说这些钱是帮忙垫付的，事后会返还。于是小张就又给小王转账了4000元。过了一段时间，对方还没有通知拿证。小张联系对方催问时，对方一直以各种理由搪塞，小张就提出要对方退款，对方刚开始答应退款，但是一直没有退，以各种理由推辞，最后直接将小张拉黑了。小张这时才发现自己被骗。

7. 代办居住证

傅先生是一家4S店的经理，由于一些客户没有居住证，4S店便无法帮新买车的客户上牌。而按规定要求，必须先到当地派出所登记满半年后，才能办理居住证。为此，傅先生流失了不少客户，很是苦恼。

一日，傅先生在浏览网页时，看到一则广告称可以“代办居住证”，想着可以帮客户办理，提高汽车销量，便添加了广告上的微信号。添加微信后，对方自称在派出所内部有人，可以缩短登记的时间，代办一本 1500 元至 2000 元不等，并承诺 3 天至 5 天即可拿到居住证，还给傅先生发了之前代办成功的居住证。傅先生有些犹豫，问可不可以先给一部分定金，等收到居住证之后再付全款。对方也爽快地答应了。于是，傅先生便提交了 5 位客户的信息，交了 2000 元定金。

不久后，男子按承诺的时间将"居住证"办好并寄给了傅先生。傅先生便看过后感觉与自己的居住证无差别，便将剩下的尾款转给了该男子。不想，客户拿着新办的"居住证"到车管所挂牌时，却发现"居住证"信息与系统信息不符，车辆没法挂牌。联系该男子，发现对方已经将傅先生的微信拉黑。

二、骗术解析

虚假代办类诈骗是存在已久的一种诈骗形式，从以前贴在电线杆上的小广告到现在网络中的虚假广告，其套路始终未变。近年来，随着实名制要求在各项业务中的推广和防骗宣传力度的加强，虚假代办类诈骗的发案量有所下降。然而，仍有部分诈骗分子专门盯着喜欢省事走"捷径"以及有紧急需求的群体，在互联网上以代办为名行骗。

虚假代办类电信网络诈骗的套路一般分为以下几个步骤：

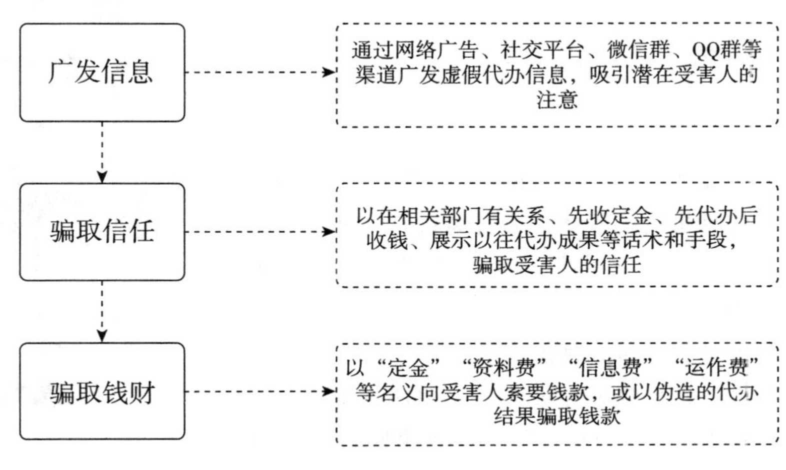

图 14　虚假代办类诈骗流程图

第一步：广发信息

为成功骗取钱财，骗子会通过网络广告、社交平台、微信群、QQ 群等渠道广发虚假代办业务信息，尽可能扩大信息覆盖面，吸引潜在受害人主动上钩。部分骗子甚至会通过不法中介获取公民个人信息，针对不同受害人群的不同需求，量身定制骗术，精准投放虚假代办广告，以增加诈骗的成功率。

第二步：骗取信任

与“以提供非法服务为名的诈骗”类似，虚假代办类诈骗在大多数情况下，也是一个“愿者上钩”的过程。因此，这类骗术在大部分情况下，骗子也不需要提前收集公民个人信息，只需要广发虚假信息，吸引潜在受害人的注意，等待受害人自愿上钩。而骗取信任的环节也变得非常简单，甚至在有些情况下根本不需要“骗取信任”。当然也有心存疑虑的受害人会对代办的可靠性提出质疑，这时骗子就会利用“在相关部门有关系”“先收定金”“先代办后收钱”“展示以往代办成果”等话术和手段，打消受害人的疑虑，骗取受害人的信任。

第三步：骗取钱财

当取得受害人的信任后，骗子就会以“定金”“资料费”“信息费”“运作费”等名义向受害人索要钱款，或者以伪造的代办结果，如伪造的证件、票据等，骗取被害人的钱财。

三、防范建议

一是选择正规代理机构。

当有业务需要通过代理机构代办完成时，应尽可能地提前验看代理机构的资质，或者通过官方途径查证代理机构的真实性，不要盲目相信网上的中介和代办信息，以免上当受骗。

二是提前熟悉正常办理流程。

即使要通过代理代办完成业务，也应提前熟悉、掌握正常办理流程，一方面，可以帮助我们合理规划时间，判断代理的工作是否有效；另一方面，当碰到明显有违正常办理流程，承诺能够快速办理、价格低廉等情况时，可以作出判断，及时提醒自己。

三是不要妄图“走捷径”。

当我们需要获取某种证书、资格，或者急需办理某种业务，但由于自身条件所限难以达到时，应通过自身努力尽快使自己符合条件，然后再去办理。而不是妄图走捷径，通过所谓关系、门路去达到自己本达不到的目标，要知道这正是骗子以“代办”为名屡屡诈骗得手的主要原因。

第十五章　推销类诈骗

推销是一个古老的名词，它是伴随商品交换而产生的一种经济行为。每个人在日常生活中都有过被超市店员、商场导购推销产品的经历。通常情况下，推销行为并不违法，它只是推销人员运用一定的方法和技巧，让顾客接受自己的商品和劳务，以获取一定经济报酬的行为过程。但是，当推销行为与诈骗相勾连，其较强的社会危害性便显露无遗。尤其是当诈骗分子充分利用受害人信息不对称的劣势和普遍存在的同情心理时，各种推销骗局就会屡屡得手，让人防不胜防。

一、以案说骗

1. 保健品

去年6月，郑女士接到一个陌生电话，询问其有关保健品的事情。因郑女士之前购买过类似的排毒产品，就以为是厂家进行售后电话回访。郑女士就根据实际使用情况在电话中告知对方，她感觉产品没什么效果。电话中自称“小叶老师”的男子建议，既然没有效果，那就试试别的产品，并向郑女士推荐了一款名为“多宝莱”的保健品，还添加了郑女士的微信，表示如果有养生保健排毒方面的问题，都可以咨询他。

听到“小叶老师”介绍的“多宝莱”功效还不错，郑女士就打算再试试。于是将3500元货款转给名为“效果中心”的微信账号。“小叶老师”称，该微信号是售后部门，负责收款和回访，郑女士有问题也可以投诉。郑女士收到“多宝莱”保健品后用了一段时间，“小叶老师”又打来电话询问产品效果。郑女士说还是感觉没啥效果。“小叶老师”告诉郑女士，她体内的毒素比较多，如果不及时排出的话，会对身体造成很大的危害，并说可以考虑下他们公司的高端产品。

郑女士被说服后，一个自称“刘总”的男子添加郑女士为好友并表示，他是公司的教授顾问，可以根据郑女士的身体情况单独配置产品，价格为12500元。郑女士有点犹豫，感觉价格有点高。然后“刘总”称如果不继续服用他们的产品，身体不排毒，子宫就会被切除。“刘总”的话让郑女士有点害怕，很快将钱转了过去。但服用所谓的高端产品一段时间后，郑女士依然感觉没效果，就给“刘总”打电话，但她发现座机无人接听、微信号也被拉黑，郑女士这才发现被骗，赶快报了警。

2. 减肥药

去年5月，市民于先生在手机微信上无意打开了一个关于减肥药的弹窗广告，怀着好奇的心理他仔细浏览了该广告信息。在该则广告信息所附的图片中，于先生看到许多使用该减肥茶的人在喝完该减肥茶后，对该产品的效果好评如潮。于先生回想起自己在2016年也吃过一种减肥药，当时明显感觉塑身效果不错，可最终因为贪吃，没能坚持吃减肥药，所以现在又发胖了，于是决定先拨打广告中的联系电话咨询一下。

接电话的是一位自称××公司客服的女子，对方称顾客喝完她们公司自产的减肥茶，三天内就有明显减肥效果。听完客服的介绍，于先生觉得对方明显夸大了产品功效，于是挂了电话。于先生原本没有把此事放在心上，但随后，该公司客服给他打了10多次电话，推销公司的减肥产品，最终于先生还是动心了，于是向客服发送了收货地址短信，决定先购买1000多元的减肥茶试一试。

几天后，于先生在当地的邮政所收到了从天津寄来的减肥茶，并向邮政所支付了1000余元的现金。在使用10天后，于先生感觉不见效果，于是拨打客服电话讨要说法，而对方却称这种减肥茶单服效果不大，于先生还需要购买配套的减肥药品，才能迅速瘦身。为了减肥成功，于先生通过同样方式购买了3000余元的减肥茶及辅助药品。

在于先生使用该公司的减肥茶及辅助药品的第一个星期，客服每天都会向于先生询问减肥情况，于先生说始终未见到减肥成效。客服称可以请中药教授为其制订减肥方案。一听还有专家服务，减肥心切的于先生心中一阵欢喜。在电话中于先生详细向“教授”说明了服用减肥茶及辅助药物后身体的反应情况。“教授”称根据于先生反馈的情况，应该是体内毒素积聚影响了减肥药药效的正常发挥，建议于先生增加3000余元的排毒方案，否则会引起诸如红斑狼疮等多种疾病。

于先生害怕了，立即同意购买排毒方案。几天后，于先生就收到了写着“排毒”字样的快递，里面是胶囊状物品。可是吃了几天，于先生感觉依然没有效果。后经于先生询问，“教授”解释说由于于先生体质特殊，这个排毒方案用药还是不够，他还需要服用一种香港生产的新型的减肥药品才能见效，并让于先生付款1万余元。此时，于先生觉得自己遇到了骗子，赶紧报了警。

3. 壮阳药

王先生由于身体原因，在夫妻生活方面总不是很如意。一天，王先生在浏览网页的时候，注意到一则小广告，显示“由××公司新研发特效壮阳药，可治疗诸多男性疾病，欢迎免费咨询”，这让他很是心动。随后根据广告的提示关注了一个名为“××健康”的微信公众号，并根据微信提示进入了一个小程序，在上面填写了自己的个人信息。

随即，便有一名客服人员给王先生打来电话，细心地询问了王先生的身体状况，随后向王先生推荐了该公司新研发的××壮阳药，声称一个星期便可见效，并告知其可以添加微信，进一步制订治疗计划。王先生添加了客服微信之后，客服向王先生展示了公司大楼的照片、营业执照以及药物的发明专利证书，并向其承诺没有效果可以退款。王先生见客服回答自己问题时表现得十分专业，该公司的证照也都齐全，便打算先购买一个疗程试一试，客服遂发给其一个购买链接，王先生在上面填写了收货地址、电话号码等信息，支付了 2000 元货款。

王先生在服用药物一个星期后，发现没有什么效果，于是询问客服。客服称今天正好有专家可线上问诊，发给王先生一个小程序链接。王先生遂在小程序上点开实时咨询聊天框，马上有一个自称是孙教授的医生回复，并询问了王先生近日的作息情况、饮食情况等，称王先生的情况较为特殊，需要搭配特制药丸一起使用，并说明服用该药需要严格遵守说明书上的要求，否则药效会大减。王先生觉得教授说得很有道理，决定再买一个疗程试试，于是又支付了 3000 元。又服用一个星期的药后，王先生反而觉得自己身体越来越虚，于是发微信要求客服退款，才发现客服早已将其拉黑，“××健康”公众号也已经注销。

4. 玉玺

刘大爷一直喜欢收藏玉器、宝石、邮票等藏品。去年 5 月，刘大爷接到一个陌生电话，对方自称“李可”，是知名艺术品交易中心的工作人员，通过网上查询知道刘大爷是个“收藏迷”，想问问有没有可供出售的藏品，有位“金老板”要高价收购。刘大爷讲了几件拿得出手的藏品，“李可”一一做了详细登记，并承诺平台交易不需要缴纳费用，但要办理相关手续，如果“金老板”看中了会再联系后续事宜。

过了两天，号称在香港做艺术品生意的“金老板”联系了刘大爷。“45 万元收购你手中的三件藏品，怎么样?”刘大爷心动不已，随即答应通过平台交易。此时，“李可”提出需要缴纳藏品实名制登记费用、保证金等共计 2 万余元才可交易，刘大爷二话不说，立刻转账。之后，“金老板”在与刘大爷联系的过程中透露，愿意以 100 万元的价格寻求一尊建国大业玉玺。几天后，刘大爷接到了“文化博物馆”员工的推销电话，称该玉玺只有他们那边有，数量很少，经过讨价还价，刘大爷花费 2 万余元购得该玉玺。可一直等到 5 月底，“金老板”也没来收购任何藏品，刘大爷才意识到自己可能被骗了。

5. 古董

去年 11 月的一天，谭某接到一个自称是××古董交易中心交易员打来的电话。电话内一名叫“刘雨”的女性告诉谭某，近日该古董交易中心正在举办“古董走进万家万户”的活动，主旨是促进国学的发展，购买古董后会享有国家收藏基金的 5 万元补助等多种优惠，交易中心免费提供专家鉴定、古董拍卖等服务。

谭某有些心动，但表示自己对古董收藏不了解，本想婉拒，“刘雨”却说“不参加活动也没关系，如果想进一步了解古董收藏，可以添加我的微信号，我把详细资料发送给你，还有我们交易中心的公众号，定期会有科普知识，也算是实现了我们活动的初衷，传播国学文化。”谭某想着自己也是退休在家，多学些知识也无妨，于是添加了“刘雨”的微信，逐渐与“刘雨”熟络起来。

其间，“刘雨”向谭某推荐了不少古玩、字画等，并科普了不少古董收藏领域的知识，分享了古董投资获利的案例。在“刘雨”的多次推销、解说下，谭某开始动摇，在“刘雨”发送的交易中心中拍下了一件“名家字画”。随后“刘雨”称需要缴纳税金和保证金，卖家才会发货。就这样，谭某前后共五次向对方提供的账号汇款 12500 元，终于“刘雨”发送给谭某一个快递发货单截图，告知谭某已经发货。不久，谭某收到了所谓的“名家字画”，打开一看竟然只是白纸一张，得知自己被骗，登微信发现“刘雨”的微信已经注销。

二、骗术解析

推销类诈骗是一种存在已久的诈骗类型，从最早的街头摆摊设局推销假古董、上门推销劣质产品到如今的通过电话、网络工具进行推销，其套路一直未变。此类诈骗的对象也一直是以特定对象为主，如老年人、收藏爱好人士等。其诈骗套路一般有以下几个环节：

第一步：广发信息吸引受害人注意

诈骗分子会在网页中插入广告弹窗、注册大量微信公众号，发布由专门推广人员撰写的“营销软文”推销产品，以吸引潜在受害人的注意。或者通过非法渠道获取公民个人信息，了解受害人的健康需求或收藏爱好等，谎称自己是某某公司的人员，直接联系受害人推销产品。

第二步：获取信息与受害人建立联系

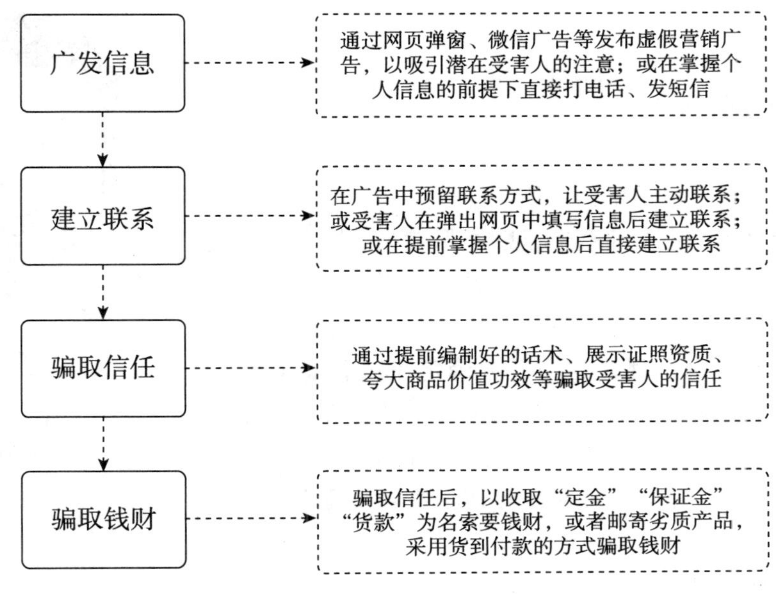

图 15　推销类诈骗流程图

为了让受害人方便联系自己，骗子往往会在推销广告中留下联系方式，可能是电话号码，也可能是微信号，还可能两者都有。骗子有时也会在广告中设置填写个人信息的环节，当收集到受害人的个人信息后再主动与受害人建立联系。有些诈骗分子则提前通过非法渠道获取公民个人信息，然后直接通过打电话、发短信的方式与受害人取得联系。

第三步：骗取信任

骗子为了骗取受害人的信任，往往会提前设计好话术，一旦与受害人建立了联系，就会按照提前设计好的话术和骗术，用言语诱骗受害人上当。在有些骗术中，骗子也会直接向受害人展示伪造的证照和资质，以及一些伪造的产品价值、功效的证明，以骗取受害人的信任。

第四步：骗取钱财

经过诈骗分子的轮番推销，受害人表示购买意向后，诈骗分子会发送购买链接或要求受害人填写收货地址、电话号码等个人信息，受害人在支付货款后，诈骗分子就会将其拉黑。在有些骗术中，骗子也会采取发送劣质商品，再采取货到付款的方式骗取钱财。也有一些骗术，骗子会要求受害人缴纳税款、定金、保证金等骗取钱财。

三、防骗建议

一是不轻信电话推销。

无论是进行古董收藏还是购买保健品、减肥药，任何购物需求都应通过正规店铺、渠道购买，不要轻信电话推销。对于接到的陌生电话，如果在电话中提及自己的任何个人信息，都要当心。在确定个人信息被泄露后，询问对方是什么公司、公司地址、员工姓名、工号等信息，也可以直接询问对方是如何获得本人信息的，同时进行保存、录音。如对方有诈骗嫌疑，请立即报警求助。

二是核实对方身份。

不少诈骗团伙会伪装成某某公司的业务员或某某专家，在购买产品前应当对对方的身份仔细甄别。对对方发送的公司信息、营业执照、专利证书等，可以在天眼查、企查查等平台检索，验证公司的身份，营业执照信息还可以在公司注册地的工商局网站上查询，产品专利信息还可以在国家知识产权局政务服务平台查询。对于谎称是之前购买过产品的客服，在重新购买之前，应当仔细核对与之前购买渠道是否有所不同，并询问可信任的店铺人员是否有类似活动。

三是切勿听信口头承诺。

不要轻信买产品享受“无效可退款”的说辞。通过正规平台、商场购买，理性消费。要认真检查对方所推销商品是否有厂名、厂址、生产日期等。在网络论坛上搜索有关产品，应查看其他用户对该产品的评价，或询问周边熟识的专业人员，了解产品的实际功效。

四是学习掌握防骗知识。

家有老人的子女在平时生活中要多为家中老人普及防骗知识，避免不法分子将黑手伸向防范能力不强的老人。在投资购买收藏品时，需要自身学习并掌握一定的鉴别能力，不要轻易相信陌生人的说辞。对于那些“快速升值、高额回报”的承诺，更要谨慎小心、提防骗局。同时，也要摒弃投资收藏一夜暴富、贪便宜心理，天上不会馅饼。

第十六章 涉疫情诈骗

2020 年初新冠肺炎疫情的突然暴发，使曾经较为小众的口罩、额温枪、消毒水、口罩生产机等迎来了“高光时刻”，社会各界对医护用品的需求日益高涨，导致医药市场供不应求。骗子也“抓住时机”编制出与购买防疫物资有关的各类骗术。而随着新冠疫情的稳定和防疫常态化，与“疫苗”“流调”相关的骗术又涌现出来。这些涉疫情的诈骗，不仅使受害人蒙受财产损失，也极大地扰乱了防疫抗疫工作秩序，危害极大。

一、以案说骗

1. 口罩团购

家住福建的钟先生为谋求更好的发展，近些年一直在广东工作。2016 年，在深圳朋友间的一场饭局上，钟先生与小杨相见相识，在之后的日子里两人一直通过微信保持着联系。

2020 年的一天，钟先生收到了小杨发来的一条微信，内容为“出售医用口罩批发价 1.8 元一个，非诚勿扰!”钟先生心想现在大家都急需口罩，看到这条消息后就产生了兴趣，于是回复了小杨，“发图片，货源在你手上?”小杨回复，“货源真实可靠，在我手上”。钟先生原本只想购买 2000 个医用口罩自用，但朋友小杨劝他一次性买 20000 个单价更低，可以将多余的口罩卖出赚差价，建议钟先生大量购买。

为贪图小利，钟先生决定发动亲朋好友一起拼单购买，在自己的微信朋友圈中先后发布“朋友手上有口罩，可以随时发货、有需要的可以联系、2 万个起订、价格不高”，“朋友手上有口罩、量不多了、不零售、3500 个一箱发货、有要的私聊、市场最低价”，“今天不接单了、没货了、明天看情况啊、谢谢”等拼单买口罩的内容，一共筹集 10 余人的款项，共计人民币 107100 元，通过微信和手机银行转账的方式，向小杨购买了 59500 个口罩。

但在钟先生转账后，小杨以各种理由一再推脱，始终没有向钟先生提供相应的发货单号，之后索性“人间蒸发”，钟先生多方联系都无法找到小杨，这才意识到自己被骗。

2. 体温枪

余先生一家从事外贸生意，家境殷实，2020 年初突如其来的新冠疫情使得体温枪等医用设备十分紧缺，疫情重灾区武汉尤为严重。面对严峻的防疫形势，极具社会责任感的余先生决定采购一批体温枪支援武汉的抗疫工作。但余先生本人之前对体温枪行业了解不深，就委托在外地经商的朋友小王帮其联系卖家。

事情进展得很顺利，小王在某医药论坛上认识了贩卖医用设备的赵某。通过 QQ 聊天，赵某了解了余先生的情况，赞扬了余先生所做的公益行动，并声称为余先生提供打折、包运费等优惠，双方很快达成了买卖意向。余先生通过网上银行转账的方式，先后给赵某汇去了共计 50 万元的货款。赵某发给余先生四个顺丰快递单号，但余先生发现其中三个单号是虚假的，另一个为医学废料，遂即要求赵某退款。但赵某拒接余先生以及小王的电话，两人才意识到这是个骗局，逐报警寻求帮助。

3. 防护服

2020 年 12 月，各地的新冠疫情有所反弹，开药店的万先生准备再进一批防护服用于销售。便在之前进货的微信群里发布了购买消息，寻找生产厂家购买防护服。

一天，微信群里的张某主动添加万先生的微信，称手里有防护服的现货，因为准备转让工厂清库存，可以 16 元一套的低价卖给万先生。万先生觉得有利可图，便和张某进行详细商谈。双方约定事先验货，张某便寄给万先生几套样品。在看过样品之后，万先生觉得防护服质量不错，便与张某达成了 3500 件的购买意愿，随后张某向万先生发送了装货视频，并提供了快递单号，请万先生及时查收防护服。万先生对这次交易感到十分满意，又追加了 1500 件的购买订单，支付货款共计 8 万元。

可等了好几天，订购的防护服迟迟没有到位。于是万先生通过电话、微信联系张某，却怎么都联系不上。经过查询发现，张某之前提供的快递单号也是伪造的。

4. 消毒水

一天，某消防中队接到自称是当地某中学校长孙某的电话，孙校长请求消防中队帮其联系蔬菜供应商。消防队员小旺想到单位的蔬菜供应商李先生，就询问李先生是否有兴趣，李先生表示愿意合作，小旺就将中学负责后勤的孙校长的电话给了李先生，随后李先生与孙校长取得了联系。孙校长告诉李先生，学校食堂蔬菜供应生意有许多商家竞标，但因李先生是消防中队介绍的，就将这生意给了李先生，对此李先生十分感激孙校长。

一天后，孙校长打电话找李先生帮忙，称新冠疫情期间，学校需要消毒水进行消毒，之前一直使用“国康”品牌，标价 350 元，供应商虚开 400 多元的发票，双方可以从中牟利，但后来被学校发现了，所以不好直接找“国康”送消毒水，需要麻烦李先生先接收消毒水然后再送到学校，可以规避风险。李先生出于对孙校长的感谢，就答应了他的请求，打电话给“国康”消毒水公司的张总代购消毒水，但张总要求必须收钱发货。孙校长告诉李先生，因为他身份特殊，不能直接付款，请李先生帮忙垫付这笔货款。出于对孙校长的感激和信任，李先生先后帮孙校长向张总垫付了共计13万余元的货款。可后来孙校长和张总都联系不上了，李先生前往当地某中学了解后，才得知学校并没有孙校长这个人，发觉被骗了。

5. 疫苗股票

2020年4月，股票发烧友颜女士使用手机浏览网页时，网页上弹出一条内容为“大浪老师”炒股很厉害，想要详细咨询情况添加对方易信”的消息。这条消息吸引了颜女士的注意，随后颜女士下载了易信APP并在易信里面添加了“大浪老师”的账号。

“大浪老师”告诉颜女士美国那边研制出的新冠病毒疫苗很有投资前景，现在投资入股稳赚不赔。颜女士向大浪老师表达了投资意愿，于是“大浪老师”将颜女士拉进易信聊天群，时常发布一些网址链接供聊天群成员学习，经过一段时间的学习和了解，颜女士看到群成员们纷纷赚了钱，觉得时机成熟也准备投资入股。于是颜女士按照“大浪老师”的指示下载了“GAVIBC”投资APP，并在“GAVIBC”APP内买入了人民币78万元的外币，以供购买疫苗股票进行炒股。但到了5月，颜女士发现自己转入到“GAVIBC”APP的外币无法转出，此前的资金转账数据也查询不到，询问“大浪老师”也始终没有回音，发觉被骗了。

6. 疫苗接种

2021年1月，福建的钱女士收到了一条来自“疾控中心”的短信。该短信称，“我国新冠疫苗已研发成功，近期将在本市开放预约，名额有限，截至2021年1月8号暂停报名，请立即前往gtlcz.cc预约接种（含家庭预约）”。由于钱女士是一名商场柜员，需要经常接触不特定人群，存在一定的感染风险，所以钱女士就点击短信内链接进入了网页，在页面内输入个人信息为一家人预约了新冠疫苗。

过了几天，钱女士接到自称是“疾控中心”工作人员小陈的电话。小陈告诉钱女士，本市的疫苗接种预约人数过多，现在需要按支付宝的芝麻信用分数来排号，她的芝麻信用分数不够，无法免费接种新冠疫苗。眼看无法接种疫苗，钱女士赶忙询问小陈如何处理，小陈让钱女士添加他的微信，通过微信向钱女士发送了自己的工作证件和疾控中心疫苗接种工作的相关文件，小陈建议通过“刷流水”来提高芝麻信用以获得疫苗接种资格，其随后向钱女士提供了几个订单，让其使用支付宝花呗支付订单，到时候返还资金。

钱女士按照上述步骤支付了订单，结果小陈仍以信用不够为由要求钱女士从支付宝借呗中借出 3 万元转入“公家”账户，钱女士便使用借呗将 3 万元转出。随后小陈告诉钱女士预约成功，请她于两天后到疾控中心接种疫苗，退款将于接种完成后退还，钱女士也收到了预约成功的短信通知。两天后钱女士一家来到疾控中心，但工作人员告诉他们目前还未开启疫苗接种工作，钱女士联系小陈却联系不上，转出的钱款也没能退回，这才发现被骗了。

7. 防疫特效药

2020 年 6 月，周先生的女儿准备到英国留学，周先生担心女儿在国外感染新冠肺炎，想给女儿买点防疫药品有备无患，就在网上寻找可靠的防疫药品。

一天，周先生在网上浏览疫情论坛时看到一个自称陈博士的博主发帖称其在美国医药公司工作，公司刚刚研发出防疫特效药品，目前还没通过国内相关机构检测，因此还未正式引进到国内。陈博士在论坛上晒出了特效药的照片和药品的认证证书，并声称他有渠道可以拿到防疫特效药，有需要的可以联系他。

周先生看到了证书觉得靠谱就添加了陈博士的微信。陈博士告诉周先生现在特效药刚在美国上市十分紧缺，所以价格也十分昂贵，但作为同胞，他会尽力为大家争取福利。随后，陈博士向周先生发送了一个链接，声称是美国医药公司内部的购买链接，在此购买有一定的优惠，并告知周先生请勿外传。随后周先生点击链接进入了“公司内网”，但系统都是英文周先生看不懂，陈博士建议周先生在系统里绑定个人银行卡来提高药品抢购的成功率，于是周先生在陈博士的指导下填写了身份证号码、银行卡号、密码等个人信息。但不一会儿，周先生就收到短信通知，告知他银行账户的存款已被转出，周先生才意识到自己被骗了。

8. 抗疫捐款

2020 年 1 月，广东的刘先生在浏览朋友圈时，看到许多微信好友转发了“武汉市慈善会”微信公众号的推送，该推送号召广大市民群众在疫情期间积极捐款捐物，为武汉抗疫奉献力所能及的一分力量。刘先生也深受鼓舞，决定为武汉抗疫贡献自己的一点心意。于是刘先生按照公众号推送里提供的收款渠道捐献了500元。但在此之后，有网友发现“武汉市慈善会”并没有提供相应的捐款凭证，也没有说明款项的具体用途，此前推送中的种种承诺也没有兑现，这引起了越来越多网友的质疑。后来经公安机关调查，该组织为诈骗分子假冒，捐款的人员被骗了。

9. 亲属感染

2020年6月，李先生的儿子小李从大学顺利毕业，与朋友一同前往泰国开始了规划已久的毕业旅行。2020年7月，小李与朋友们乘飞机回国，在北京隔离点接受隔离观察。

一天，李先生接到了自称是北京市卫健委工作人员的电话，电话里称李先生的儿子小李因在国外旅游期间疑似感染“新型冠状病毒性肺炎”，现在已送至北京某医院接受隔离医治。该工作人员要求李先生向医院的指定账户汇缴“住院费”“医疗费”“医药费”等相关费用。李先生听到这一消息，赶忙给小李打电话，但电话一直占线无法接通。工作人员告诉李先生隔离治疗期间，患者不方便使用手机，让李先生放心。李先生爱子心切，就通过手机银行转账的方式向“医院”支付了8000元的费用。转账后不久，李先生接到了儿子小李的电话，才得知自己上当受骗了。

10. 核酸快检

小王因为家中母亲重病，需要马上返乡，但根据疫情管控的规定，需要提供7日内的核酸阴性检测证明，核酸出结果又需要一整天。正当小王在网络上搜索有关核酸检测问题的时候，看到一则公众号推送的信息称，“快速核酸检测，加急只需半小时即可出结果”。小王回家心切，便添加了推送提供的微信号。

添加微信之后，对方自称是某某医疗机构检验科的工作人员。小王询问是否可以快速核酸检测，对方称可以，并说快速核酸检测做一次是120元，加急的因为是使用的进口检测原料，需要500元，并让小王将自己的身份信息发过去以进行医疗机构的备案上传，随后发给小王一个二维码。小王扫描二维码后进入了一个预约平台，显示“快速核酸检测预约”，小王根据提示预约了当天下午2点的加急检测，并支付了500元。随后，该工作人员又告知小王，下午预约的人数过多，小王可以交500元订购VIP预约，可以提前取样。小王便又转账500元。当小王下午到达预约平台的指定地点时，发现根本不存在核酸检测，才意识到自己被骗了。

二、骗术解析

涉疫情诈骗是诈骗分子利用了民众对疫情的恐慌、焦虑、担忧等情绪，所实施的与疫情相关的诈骗。就其本质而言，涉疫情诈骗属于多种类型诈骗的综合体，众多作案手法与虚假购物、冒充官方人员等诈骗相差无几，只是结合疫情背景创造出的新型话术、剧本。在防疫抗疫常态化背景下，诈骗分子的伪装程度也有所提高，受害人不易识别。涉疫情诈骗主要分为三类：

一是防疫物资类诈骗，为虚假购物的变种。由于疫情前期防护物资紧缺，诈骗分子便在QQ、微信上发放购买渠道，虚假售卖口罩、防护服、体温枪、防疫药品等物资。在疫情常态化阶段，随着物资的集中化生产，购买防疫物品的热潮逐渐退去，但随着核酸检测、新冠疫苗的出现，又开始了新一波全民防疫活动，诈骗分子随即更改话术实施新的诈骗。

二是伪装身份类诈骗，包括冒充公检法、官方人员和熟人。在涉疫情诈骗中，有的冒充医药公司推销“防疫特效药”，有的冒充慈善机构接收个人捐款，有的冒充患病亲友骗取“住院费”。

三是金融类诈骗，为网络贷款和网络投资的变种。涉疫情的网络贷款则抓住疫情期间经济下行，民众对于资金的需求加大，骗子便以低息、无担保、政府补助等吸引有贷款需求的人员。涉疫情网络投资诈骗，如以疫情为噱头，虚构疫情红利股票，疫苗基金诱使受害人投资、充值会员等。

涉疫情诈骗是特定历史背景下的产物，具有阶段性特点，如疫情前期以防疫物资类诈骗为主，到了后期物资供应满足需要以后，便逐渐转变为以疫苗接种、核酸检测的相关诈骗为主。随着公安机关对涉疫情诈骗的普及宣传，众多涉疫情诈骗案件被曝光，涉疫情诈骗发案明显下降。

三、防骗建议

一是理性购置防疫用品。

常态化防疫背景下，防疫用品已成为家家户户的生活必需品。人们在采购防疫用品时，应通过药店、正规电商等渠道购买，以防被骗。同时，家用防疫用品应按照家庭的实际用量理性购买，做到不囤积、不浪费。

二是擦亮双眼合理捐赠。

“隔山、隔水、不隔爱，封城、封路、不封心，”社会各界纷纷踊跃捐款捐物支持抗疫工作，却有不法分子假借慈善机构之名实施诈骗活动，不仅给民众造成了一定的财产损失，而且影响了慈善机构的社会公信力。建议大家在奉献爱心进行捐赠时，一定要核实对方机构的资质，并对自己捐赠出的货物、款项进行追踪，确保捐赠款项和物资能够及时到达疫区，让爱心落到实处。

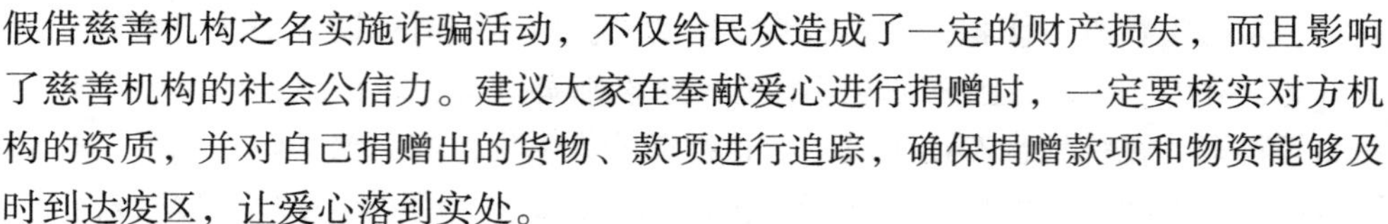

三是退改认准官方渠道。

无论是网购退款退货还是公共交通工具退改签，都应认准官方渠道，在官方网站进行操作，切勿轻信短信等通知，不向陌生号码提供银行账号、密码以及手机短信验证码等个人信息，减少信息泄露风险，保障自身的财产安全。

四是及时沟通杜绝冒充。

疫情期间时常出现冒充亲友领导类诈骗，诈骗分子时常冒充亲属、医院领导、学校老师等角色，以“感染疫情”“提供床位”“代收体检费”“补习费”等理由，向受害人收取相关款项，最终达到诈骗目的。出现类似情况时，与家人、老师、领导等及时沟通，是杜绝冒充类诈骗的有效之举，通过有效交流有助于了解真实情况，戳破诈骗谎言，降低被骗的可能性。